JN195129

米中衝突に
日本はどう
対するか

リバランス

エズラ・F・ヴォーゲル

聞き手：加藤嘉一

ダイヤモンド社

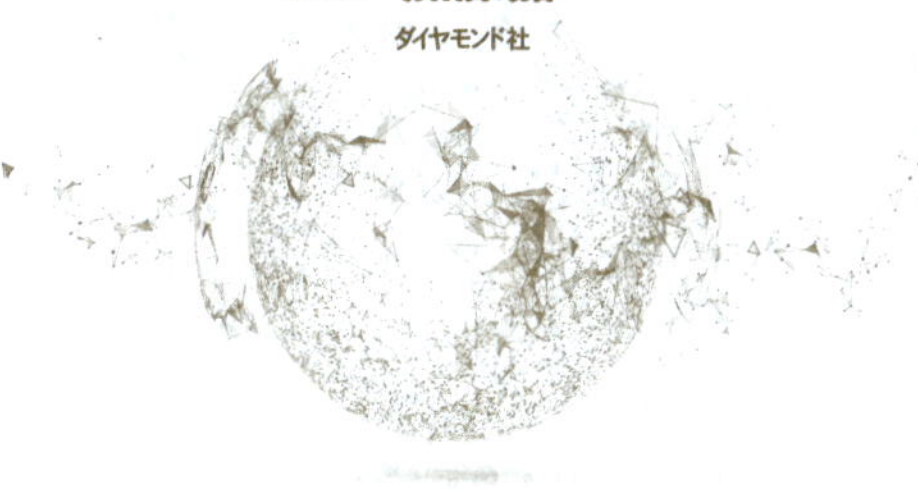

Re
balance

Ezra F. Vogel

はじめに――聞き手・加藤嘉一

人は一生のうちに、果たして何人から「真の影響」を受けるのであろうか。

私にとって、エズラ・ヴォーゲル先生（以下「先生」）は、間違いなくその一人であろう。

縁あって、2012年8月から2年間、ハーバード大学のケネディスクール（公共政策大学院）とアジアセンターに籍を置きながら、中国問題、日米中関係、東アジアの国際関係などを研究する機会を得た。この機会を作ってくれたうえ、滞在中、何から何までお世話になったのがヴォーゲル先生である。

先生は、自分が来年90歳になること、両親がヨーロッパから移民してきたユダヤ人であること、オハイオの小さな街で育ち、教育を受けたことなどを、みずから進んで語りかけてくる。その後ハーバード大学で博士号（社会学）を取り、1958年に奨学生として日本へ留学する。1年目は日本語を学習し、2年目は千葉県市川市を拠点に日本の一般家庭に入り、そこから日本の社会構造や国民性を考察する。精神病患者のいる家庭に関する博士論文を書いた先生は、米国とは異なる社会へ赴き比較研究をするべきだ、という指導教官からの助言を受け、それまで特に関心を持つことはなかった日本へ行くことを決めた。

2年間の現地視察を経て、家庭という領域を超えて、より大きな視点から、日本社会を総合的にとらえることの面白さと重要性を身に染みて感じた、と言う。のちにベストセラーとなる『ジャパン・アズ・ナンバーワン：アメリカへの教訓』（1979年出版、阪急コミュニケーションズ）はそうやって生まれたのだろう。

1960年、日本から帰国後、先生は中国と中国語の学習を始め、後にハーバードで中国に関する授業を担当するようになる。初めて中国本土に足を踏み入れたのは、文化大革命の真っ只中だった1973年のことだ。当時すでに癌を患っていた周恩来首相とも会見している。2000年にハーバードを退職後、約10年かけて研究・執筆した『現代中国の父――鄧小平』（日本経済新聞出版社）もまたベストセラーになった。

先生は、日本と中国に関するこれらの本を書いた目的を「米国人の、日本や中国に対する理解を促進すること」だと断言する。たとえば、鄧小平の伝記を書いた動機として、現代中国を知るためには改革開放を理解しなければならないし、それを設計した張本人である鄧小平という人物に迫り、描くことで米国人の中国への理解と思考が深まるのだ、と言う。先生のすごいところは、祖国の同胞に向けた書いた本が、結果的に研究対象国である日本と中国でベストセラーになってしまうことである。それだけではない。会議やイベントに出席するために日中へ赴けば、それぞれ日本語と中国語で取材を受け、講演をする。言語学の専門でもなければ、博士課程を終えるまで日本と中国を専門に勉強したわけでもない先生が、血のにじむような努力を通じて日本語と中国語の習得に向き合ってきたことを私は知っている。ハーバードにいた2年間、我々はほぼ毎週のように会っては、中国問題や日中関係に関する議論を重ねた。先生は優しくて、決して偉ぶらず、いつも親身になって、対等な立場で、孫の世代に当たる私と向き合ってくれた。「人格者」とは、先生のためにある言葉だといつも思っていた。

とはいえ、毎回先生の自宅にお邪魔するたびに緊張した。15分前には必ず到着し、付近をぶらぶらしながら思考を整理したり、緊張を和らげるためのストレッチをしたりした。それでも両手は汗ばんでくる。約束の時間の1分前にご自宅のチャイムを鳴らし、先生が「ハイ！　カトウサン！　プリーズカムイン！」と子供のような笑顔で出迎えてくれたところで、ようやく緊張が和らぐ。このパターンは今になっても変わらない。先生が日本や中国に出張する直前になると、「加藤さん、今日は中国語で話してくれませんか？　これから中国の大学や書店でいくつかの講演を控えているから練習したいのです」と頭を下げられる。

頭が下がるのは、むしろ私である。

ひたむきに研究対象に向き合う先生と触れるたびに、どうすれば自分も先生のようになれるのか、先生はどういう目標と意識を持って日々の仕事に取り組んでいるのか、と常に考えさせられてきた。ルーティーンはあるのか、健康管理はどうしているのか、外国と向き合うなかでアイデンティティーは再構築されているのか、ユダヤ人として中国人をどう思っているのか、学者としてどう祖国を愛するのか、これからどこへ向かおうとしているのか……。職業人という範疇を超えて、日本人として、一人の人間として、己はどうあるべきなのか。先生と一緒に過ごした日々は、まさにそういう問いに向き合い、自分なりの答えを模索する時間にほかならなかった。

「真の影響」とは、そういう意味である。

先生を追いかける異国の後輩として、先生が米国人として日本と中国を研究し、その地の人々と付き合うなかで感じてきたこと、考えてきたこと、動いてきたことについて腰を据えて伺い、記憶だけでなく、記録としてもしっかり残しておきたかった。先生はみずからの研究方法を「人と知り合い、人を通じて対象に向き合うこと」だと定義する。先生に研究生活を振り返ってもらい、語ってもらう一つ一つの場面は、激動の局面にある米中関係、そして日本がそこにどう対していくかという、私たち日本人がこれからを生きるうえで極めて重要な問題を解きほぐすための「生きた素材」になると考えた。本書は、そういう意識と立場の下で作られている。

ニクソン電撃訪中、米中国交正常化を促すべく、ハーバードの同僚たちと何を語り、ホワイトハウスにどう働きかけたのか。

キッシンジャーに対し、どんなふうに周恩来を語ったのか。30年前に起こった「天安門事件」を踏み台にして、共産党総書記に上り詰めた江沢民のハーバード講演を、どうやって実現し、成功させたのか。2年間だけ役人生活を務めたワシントンで、何を感じたのか。なぜ中曽根康弘を「大人物」だと認識し、今の日本にはそのような政治家がいないと考えるのか。安倍晋三、小泉進次郎をどう評価しているのか。

今、習近平に何を伝えたいか。

先生には、みずからの経験と知見に基づきながら、「中国」「日本」「米国」「日中関係」「米中関係」、そして「官僚と政治家」と全6章にわたって、私の質問に答える形で存分に語っていただいた。また、それぞれの章で何がどう語られているのか、どういう視点が独自的であり新鮮か、読者の方の導線になればと思い、僭越ながら、各章の冒頭で「概要」を書かせていただいた。それによって、読者のみなさんがヴォーゲル先生の言葉により深く入り込んでいけるのであれば、望外の喜びである。

＊本文中、敬称略。

リバランス――目次

第1章　「急成長」中国の今昔

第2章 「良い人」日本の今昔

第3章 「覇権国」米国の役割

第4章 日中関係のゆくえ

第5章 米中関係のゆくえ

第6章 国を率いるリーダーたち――官僚と政治家

第1章

「急成長」中国の今昔

第1章の概要

「中国の経済発展が、ここまで速いとは予想していなかった。人民公社が解散することも予想していなかった」

１９７３年、初めて中国大陸の地に足を踏み入れたエズラ・ヴォーゲルはその後の中国の変化をこう振り返る。当時の中国は、文化大革命の真っ只中にあった。それから改革開放、天安門事件、北京五輪などを経るなかで、中国の発展は常にヴォーゲルの予想の追いつかないものであったようである。

その後、中国と日本を中心に、東アジア研究をライフワークとしてきたヴォーゲルは、２０１１年にハーバード大学を退職後、約10年をかけて研究・執筆した伝記『現代中国の父　鄧小平』を出版する。習近平（１９５３〜）の政治にフォーカスした本章には、ヴォーゲルの長年にわたる研究が存分に活かされている。みずからが熟知した鄧小平（１９０４〜１９９７）と比較しながら語られる習近平像には、独自の説得力がある。

２０１２年秋〜１３年春にかけての政権の発足当初から、習近平は「鄧小平路線」を着実に継承すべきだ、そうしてこそ中国を発展させられる、とヴォーゲルは主張してきた。今でもその考えに変わりはない、と言う。鄧小平路線とは市場経済、改革開放、大国関係の安定的管理、そのために低姿勢を維持して野心を隠す、メンツよりも実利を取る「韜光養晦（とうこうようかい）」、内政では党政分離、終身制の廃止、高級官僚の各ポスト兼任禁止、若手政治家の登用などが含まれる。

ところが実際は、習近平はこれらと真逆のことをやっているのではないか。そう問いかけると、ヴォーゲルは習近平の政治やスタイル、特に個人崇拝や権力集中に懸念を示しつつも、「基本的に習近平は、鄧小平の路線を継承している。現在、これから中国が直面する問題の7割は鄧小平路線を継承することでうまく管理できるだろう」と持論を展開する。残りの3割、たとえば経済低迷問題への対処には新たな知恵が必要だということだろう。その部分に習近平はどう対処しようとしているのか。国家主席の任期撤廃、米国との貿易戦争、「一帯一路」などはそのための布石なのか。

ヴォーゲルは、習近平の権威は当時の鄧小平に及ばない、と注意深く指摘する。鄧小平が政治のマイクロ・マネジメントはせず、夜はテレビを見たりポーカーをしたりしてリラックスする時間があったのは、権威があったからこそだ、と言うのだ。逆に、習近平は権威を持たないから、「小組」を設立し、あらゆる分野の細かい部分までみずから掌握しようとするのだ、とヴォーゲルは指摘する。また、鄧小平が若くして海外に赴き、フランスやロシアで学び外国人と付き合いながら、みずからの世界観や国家観を形成していったのに対し、文化大革命の時代に青少年時代を過ごした習近平のＤＮＡには「争」という要素が占めすぎている点を問題視する。権力闘争を激化させている反腐敗闘争の背景には、習近平の生い立ちが反映されているのだ、という指摘は興味深い。

鄧小平は、改革開放を推し進める過程で「乱」、すなわち社会が混乱することを最も恐れていたが、習近平も同様である、とヴォーゲルは指摘する。それを恐れるからこそ、政治社会、経済社会に対する引き締めを強化し、言論、報道、教育の自由などを抑圧している。その背景には、急激な自由化を推し進めようとしたことで、結果的に崩壊に追い込まれたソビエト連邦の二の舞にならないように、極端なまでの警戒心があるという。習近平や共産党幹部、官製メディアが言うところの「ゴルバチョフ現象」である。

習近平政権の発足当時、ヴォーゲルは「中国最大の問題は腐敗」だと主張していた。「腐敗」とはすなわち、高級官僚たちが、宴会で浪費したり、政府の専用車を私的に使ったり、土地の売買に絡んで金銭を授受していたり、といった不正の横行を指す。そしてヴォーゲルは、そんな腐敗を撲滅しようとする習近平を評価していた。今でもその評価に変わりはなく、腐敗を取り締まることで、人民たちは共産党をこれまでよりも信用するようになり、習近平を支持するようになっているという。一方で、腐敗問題以外で警戒する問題は経済停滞だ。成長モデルの転換が進まないなか、人々の政権や現状に対する不満が蓄積されていけば、

「乱」が表面化し、社会が不安定になるリスクがある、と指摘する。

そしてヴォーゲルから見て、これからの10年で最大の問題は、緊張しすぎた政治環境を緩和し、知識人や市民社会などにより多くの自由を与えていけるかどうか、だ。ここでも「ゴルバチョフ現象」が登場する。自由を急激かつ多く与えすぎれば中国社会は混乱し、共産党は統率力を失い、ソ連の二の舞になってしまうかもしれない。ただ言論の自由が極端なまでに抑圧されている現在の状況は「10年もたない」、そして「仮に自由をどこまで、どのように与えるかという問題の処理に失敗すれば、中国共産党統治下の中国は〝崩壊〟する可能性すらある」とヴォーゲルは指摘する。

約半世紀にわたって中国研究に従事してきた権威であるにもかかわらず、ヴォーゲルは随所で「習近平が本当に何を考えているのか読めない」、「なぜ中国は天安門事件を含めて過ちを認めようとしないのかわからない」、「習近平の後継者も誰なのかわからない」などと謙遜する。安易に断定せず、結論を出そうとしないその語り口や姿勢は、中国研究の難しさと複雑さを我々に痛感させてくれる。2019年は天安門事件から30年、中華人民共和国建国70周年という節目の年でもある。習近平政権の〝現在地〟はどこにあるのか。ヴォーゲルの視点は、我々がこれらの問題を考えるうえで、独自の素材と切り口を与えてくれる。

習近平がこれほど社会を緊張させるとは

Question

本章では、ヴォーゲル先生と私、加藤にとっての共通のライフワークである中国について議論していきたいと思います。

1960年、日本への2年間の滞在を終えた先生は、帰国後まもなく中国の歴史や中国語を学ばれ、それから長年にわたり、中国と付き合ってこられました。1969年には中国に関する最初の著書『中国の実験　改革下の広東』を出版されています。それから半世紀が経ちました。先生が最初に中国に赴いた1973年は文化大革命の時期で、それから中国は先生も伝記を書かれた鄧小平のリーダーシップによる改革開放の時期に入ります。文化大革命から改革開放、そしてその間には今年30年を迎える天安門事件も発生しました。今年は、中華人民共和国建国70周年という節目の年でもあります。中国はまさに「激動」と言える多くの経験をし、変化を遂げてきたわけですが、過去の半世紀を振り返って、先生は今何を思われますか。

おっしゃるとおり、私が中国、そして米中関係というテーマと付き合い始めて、もうすぐ半世紀になる。

初めて中国を訪問したのが1973年。米国政府で、中国を含めた東アジアの情報統括官として働いた1993～95年の間も、私は米国の学者としてワシントンに赴き、中国問題に関する学術会議に参加することがしばしばあった。中央情報局（CIA）の中国問題の担当者とともにハーバード大学などで会議を開き、中国問題に対する見方や対策を議論したりもした。

あの頃、私たちはCIAのみならず、政府機関との相互交流や意見交換を頻繁にしていたが、今ではほとんどなくなってしまった。当時、政府も学術界との交流を重視していた。時代の変遷を感じずにはいられない。

私はこれまで日本語と中国語を学び、日本と中国の問題を同時に研究し、著作を出版してきた。中国問題を考えるときには日本が鏡となり、日本問題を考えるときには中国が鏡となる。比較をしながら、可能な限り日本と中国、そして日中が共存する東アジアという地域をとらえていくように心がけている。習近平時代の中国を考える際も同様である。

2019年1月1日、米中両国は国交正常化40周年を迎えた。

私の率直な感想として、この40年で米中間の交流がここまで迅速に発展するとは予想していなかった。

たとえば、年間約35万人もの中国人留学生が、米国に来て学んでいるというような状況

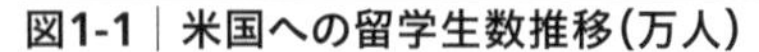

図1-1｜米国への留学生数推移（万人）

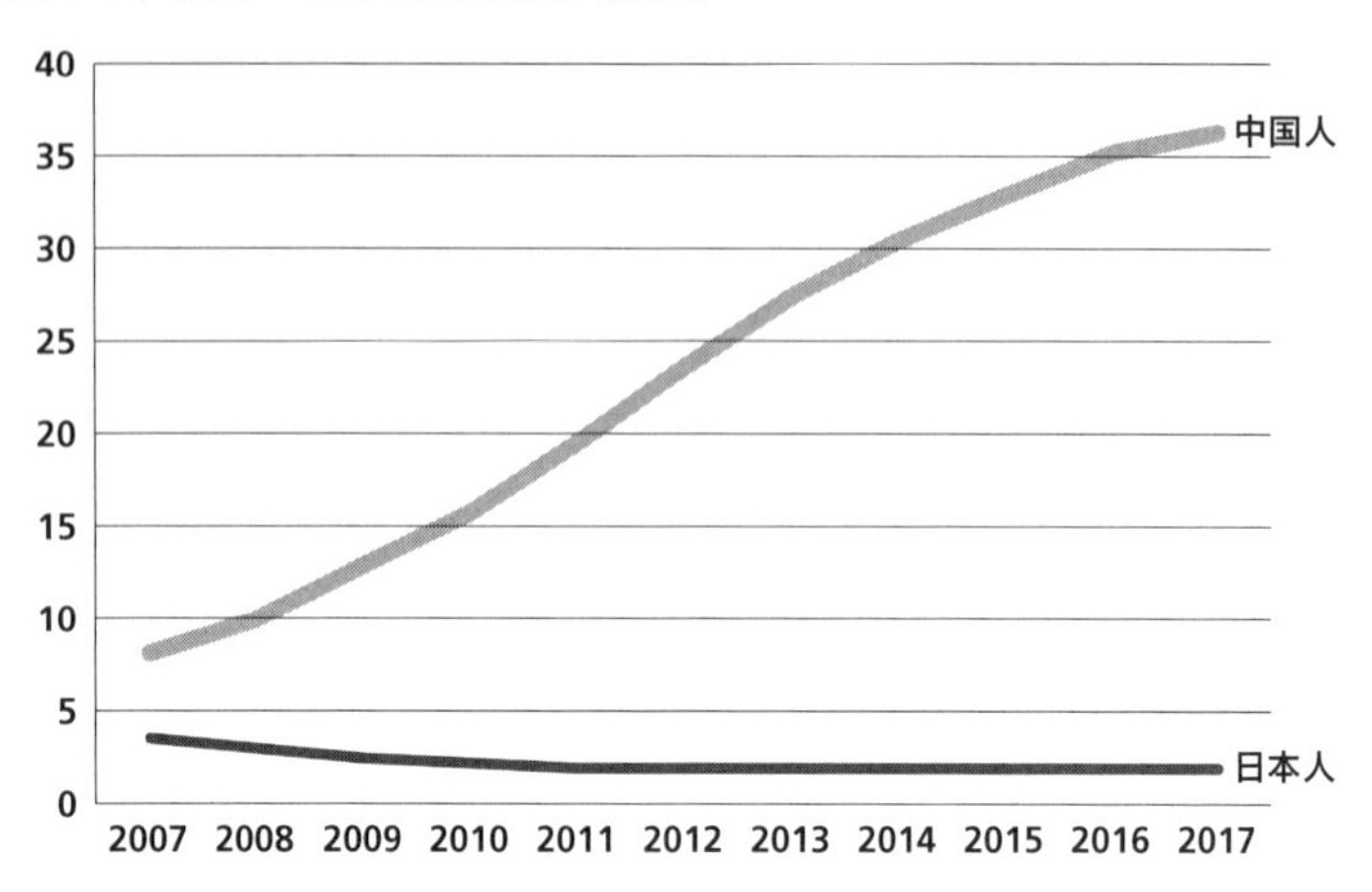

出所：タイムズ・ハイヤー・エデュケーション

である（図1－1）。中国経済の発展がここまで急速だとは、予想できなかった。ハーバードの同僚に、私よりも2～3歳若い、中国経済研究の権威であるドワイト・パーキンズがいる。1970年代、私たちはずっと一緒に中国問題を研究していた。

米中両国が国交を正常化したとき、彼は中国経済が毎年平均5～6％成長すると予測した。ほかの学者は彼の見方に賛同せず、そんなに速い成長はあり得ないと主張していた。私は彼の予測を信じたが、実際はそれよりも速かった。中国証券日報2018年9月18日の記事によれば、1979年から2017年の間、中国経済の平均成長率は9・5％で、世界経済への年平均貢献率は18・4％だった

図1-2｜中国・米国・日本のGDP・人口推移　1980～

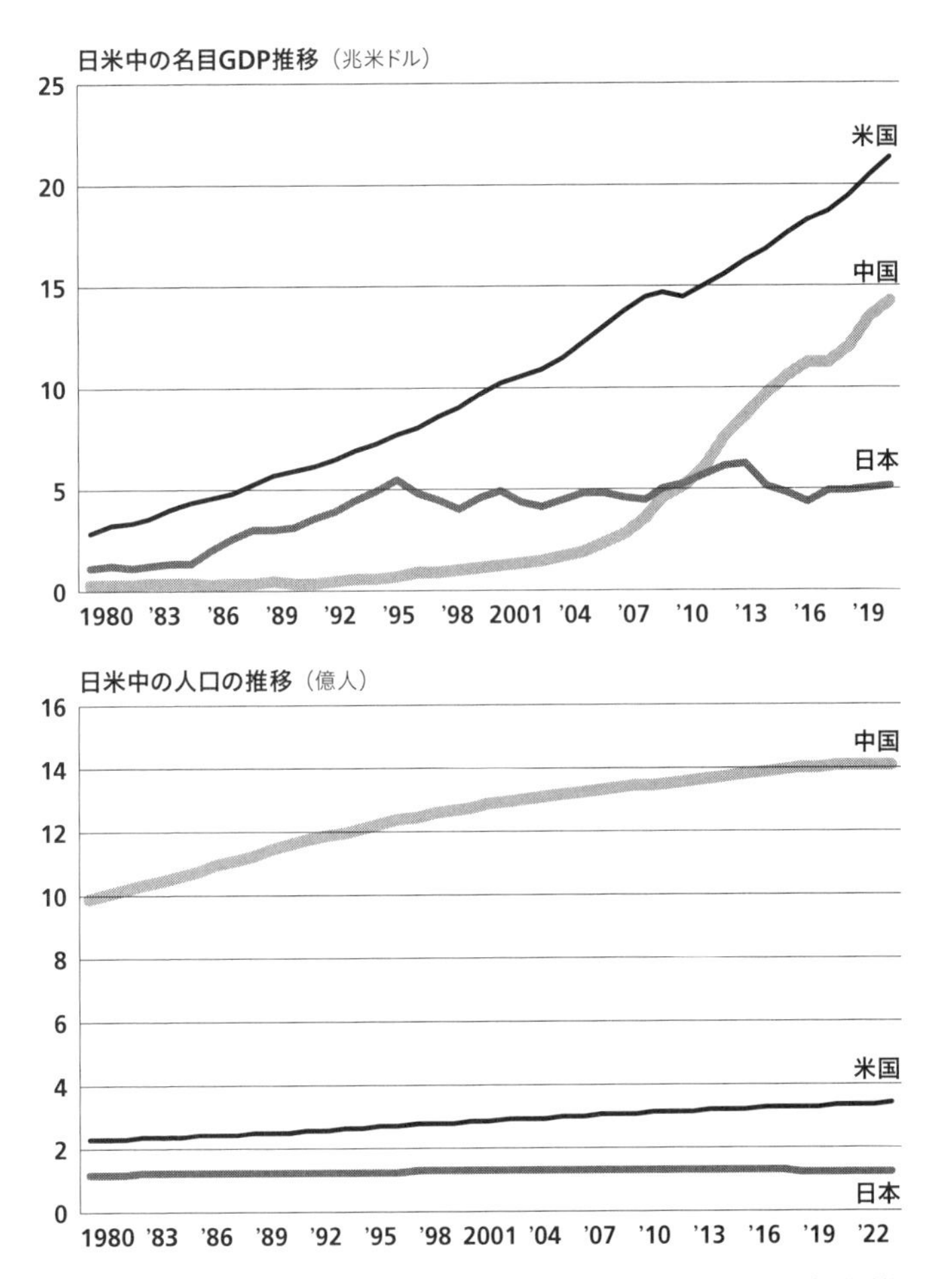

出所：IMF, World Economic Outlook Database, April 2019　＊2019年以降は推計値

という。私はそれを予測できなかったし、1979年の時点で、人民公社（かつて集団化されていた農業組織）が解散する事態も予測していなかった。

特に北京五輪後の10年を振り返ると、中国経済の成長スピードは、私の予想をはるかに超えていた（図1−2）。北京五輪後、中国経済の成長率は鈍化すると見ていたが、実際はそれよりも速く、持続的であった。中国人民の生活水準も継続的に向上している。この方向性は予想していたが、ここまで速いとは想像していなかった。

予想外の事態といえば、習近平の政策がここまで保守的で、社会全体をこれほど緊張させていることもそうだ。市民社会、人権活動家、知識人、少数民族などへの抑圧が随所で見られ、年々厳しくなっている。以下でも述べるように、習近平が国家主席に就任した2013年当時、私は多くのチャイナウォッチャーと同様に、彼が「改革派」になり得ると予測していた。反腐敗闘争によって蓄積した権力基盤を、改革の大胆な実行に活用するのだと思っていた。

しかしあれから6〜7年が経ち、いまだその気配は見えない。「改革派」か「保守派」かという二項対立的な分析方法には慎重になるべきだが、現在に至って、私は少なくとも習近平という指導者を〝改革者〟と見なすことはできない。

江沢民（1926〜）と胡錦濤（1942〜）は、基本的に内政・外交を含め、鄧小平が敷

写真 「鳥の巣」のような北京五輪のメインスタジアム

©Angelo Cavalli/robertharding/amanaimages

いた道を歩んできた。だからこそ、経済は発展し、社会は繁栄し、人々は日々豊かになっていく現状を実感できた。そして、世界各国との関係も、中国は穏便に処理することができたのである。ただ今日、習近平政権になって、様相は異なる。内政では政治社会、経済社会への上からの抑圧を強め、緊張させている。外交では拡張をめざし、傲慢に自分がやりたいことや欲しいことばかりを主張し、他国社会の感受性を軽視する動きが散見される。私はそんな現状を憂慮している。

今日、中国が傲慢になってしまったのは非常に残念だし、危機感を持っている。それは毎年のように、北京を訪れていて感じることだ。

たとえば、北京五輪が開催された２００８年の夏も、私は北京にいた。中国にとっての北京五輪は、日本における前回の東京五輪（１９６４年）と照らして、中国の発展について日本と比較してとらえる重要な基準になっている。東京五輪が開かれていた当時も、私は東京にいた。五輪会場の付近でランニングをするなど、あの頃の街並みや雰囲気も覚えている。その後も、毎年のように日本にも足を運んでいる。

五輪の主催を通じて、国威を発揚する――。この点では日本も中国も同様だろう。英語では〝Coming out party〟と呼ぶ。オーストラリアも２０００年に五輪を主催したが、当時中国は反対していた。なぜ中国ではないのかという愛国主義の精神が、そこら中に蔓延していた。

中国もようやく五輪を主催するようになり、北京五輪は私は成功裏に終わった大会だったと思っている。非常にスケールが大きかったし、映画監督の張芸謀（チャンイーモウ）が演出を務めた開会式を、国家が非常に重視していたのが印象的だった。中国は五輪を主催することを通じて世界と対話し、つながることを目論んでいたのは明白であった。

２００７年に中国が日本との関係を意識的に改善しようとしたのも、世界各国に北京五輪に参加し、支持してもらう目的と無関係ではなかった。中国は隣国であり、同じように五輪主催を通じて発展した同じアジアの日本が、自国の五輪開催を支持してくれる状況を必要としていたのである。

実のところ中国は2007年の時点で、すでに自国経済が間もなく日本を追い抜くことを知っていたし、実際にそれから3年後に追い抜いた。五輪を迎える頃には、中国はすでにそれなりの自信をつけていたと言える。ただあの頃の中国は、まだそれほど傲慢ではなかった。みずからに、まだまだ多くの欠点があることを自覚していたからだ。中国には五輪を主催するだけの潜在能力がある、と己を大きく見せていたのだ。私から見て、2008年の中国は発展の成熟度と先進性という意味で、1964年の日本には及ばない。

習近平は「改革派」か

Question

そんな中国を現在率いる習近平は就任以来、中華民族の偉大なる復興という「中国の夢」を指導思想として掲げてきました。愛国主義や民族主義を随所で強調し、中国人民が一体となって、挙国一致して「中国の特色ある社会主義」を発展させるべく呼びかけてきました。強権的な内政が拡張的な外交につながり、米国や日本を含めた各国は、依然として中国市場の潜在性を活かそうというスタンスを保持しつつ、警戒心を持ちながら眺め、頭を抱えながら付き合っているように見えます。先生からご覧に

――なって、習近平の内政や外交は効果的に機能していますか。――

私は昨今の中国を眺めながら、高度経済成長時代を迎えた頃の日本を思い起こしている。私にとって、日本は往々にして、中国を研究するための良き比較対象となってきた。

戦後の日本は、言論の自由、結社の自由、出版の自由、司法の独立などが制度的に保障された民主主義国家としての道を歩んできた。行政、立法、司法の三権は分立し、チェック＆バランス機能を確立している。このため、その言論や価値観は多様的になるが、1964年の東京五輪の時期を含め、特に高度経済成長時代には国民が一丸となって発展を追求していた。多様性のなかに、明確な目標と方向性があったのだ。

一方、昨今の中国では政治・イデオロギー的には「統一戦線」を強調し、みなが〝習近平思想〟に従い、それに異を唱えることは許さないものの、一般の人々は団結していない。現状を受け入れられず、海外に移り住む国民も少なくない。みながバラバラな方向を向いているように見える。

私から見て、習近平の時代になって、政治的な統一への希求と、社会や国民にみる現実が乖離している問題は、より深刻になっている。

これから状況が改善されていくのか不明だが、習近平はなぜ強硬に、社会全体を緊張状態に陥れる政治をここまで大胆不敵に行うのか。正直言って、私にはよくわからない部分もある。胡錦濤の時代よりも、かなり緊張が高まっていると感じる。学生や大学教授などは公には反対しないものの、実際には習近平のやり方を完全に受け入れているわけではないだろう。不満は確実に蓄積されていっている。それが、いつどのような形で噴出するかわからない。

習近平は最高指導者になって以来、政治、イデオロギー、軍事、経済、インターネット、教育、メディア、文化、安全保障、外交などすべての分野に口を出している。たとえば経済政策に関して言えば、本来は首相である李克強（1955〜）の仕事まで自分でやろうとしている。彼にそれだけの能力と余裕があるのだろうか。多くの国民が、習近平のそうした統治方法に本心では反対している、というのが私の見方だ。ただ公には言えない。知人や友人同士で言い合っているだけだ。

習近平政権が成立した頃、私は習近平が〝改革派〟の指導者になるであろうという予測を抱いていた。その理由は主に三つある。

第一：習近平が、経済やイデオロギーの分野で閉鎖性よりも開放性を重視した開明的な政治家で、その死去が学生、知識人、一般市民らが民主化を求めた天安門事件の引き金にもなった胡耀邦元総書記（1915～1989）にも近い〝改革派〟習仲勲（1913～2002。広東省第一書記、国務院副総理などを歴任）の息子であること。

第二：習近平が就任早々深圳に赴き、改革開放の「総設計士」である鄧小平の銅像をお参りしたこと。

第三：習近平がこれまで福建省、浙江省、上海市といった沿岸部の、中国で最も開放的な地方でリーダーを務めてきたこと。

これらの背景を根拠に、習近平は改革を大々的に推し進める開放的な指導者になるだろう、と考えていた。

しかしながら、実際はそうではなかった。私の判断は間違っていた。中国の知識人たちにもそう認め、白状している。今振り返っても、習近平が何を考えているのか、これから何をやろうとしているのか、よくわからないし、見えてもこない。しかも、習近平は政権二期目に入る頃、憲法を改正して国家主席の任期（最大二期10年）まで撤廃してしまった。これはまったく予想外のことだった。

制度的に「終身国家主席」を可能にしてしまった習近平が、実際に何年何期にわたり国家主席の地位に居座り続けるのかわからない。ただ、習近平が統治する中国のこれからに思いを馳せるとき、かつて日本の中曽根康弘（1918～）が「一寸先は闇」と言ったのを思い出す。私は「十年先は闇」という視点から、中国の今後を見据えている。

Q

政策の方向性、任期の有無や長さなど、いくつかの側面で不透明感が漂う習近平政権ですが、先生は同政権が発足した頃に、中国大陸で著書『鄧小平』中国語（簡体字）版を出版されました。それは、ミリオンセラーとなった先生の著作を利用して、鄧小平の功績を正当化し、改革開放を推し進めていく中国共産党の意思表示にも見えました。先生も当時、中国共産党のそのような思惑を、私に指摘しておられました。中国と長年深く関わってきた米国の知識人として、先生は習近平政権下の中国が健全に発展するために、どんなことに取り組んでいきたいと考えておられますか。

習近平政権が発足以来、継続的に保守化し、それが中国の知識人の動向や、米中両国の知的交流に確かな影響を与えている状況において、私は自分に何ができるのか、何をすべきなのかと思い起こすようになっている。

私が起こしうる作用とは何か。それは、中国人が思っていても言えないことを発信することである。私には、中国の知識人たちが言いたくても言えないことが何なのか、大体わかっている。

たとえば、中国の記者が私の自宅に取材に来て、インタビュー記事に私の発言を引用する場合、実際には彼ら自身が言いたくても言えないことを、私に言わせようとするケースが少なくない。引用という形で主張するほうが、少しばかり自由だからである。「ハーバード大学では自由で独立した研究や発信が可能であり、それが大学としての価値、国内的な社会的地位、国際的な影響力などを確固たるものにしている」といった主張だ。彼らは、私のこの手の発言を引用することで「中国の大学も、国内的に人々や社会から尊重され、国際的影響力を向上させたいのなら、学問の自由を重んじるべきである」という見方を暗示したいのである。

政治的に緊張した昨今の状況において、私が中国で果たすべき一つの役割は、そうした発信にあると思っている。加藤さんも、日中両国間の橋渡し役になりたいと思っているだろうが、中国で日本人がそうした役割を果たすことは、なかなか難しい。日中関係は、米中関係より政治的に敏感だからだ。米国人である私のほうが、日本人である加藤さんよりも言論を発信しやすいと思っている。だから、私も引き続き中国社会の健全な発展を促すために、自分なりの努力を続けていく。

鄧小平との比較：習近平をどう評価するか

Question

習近平政権が発足した当初より、習近平は「鄧小平路線」を継承すべきである、と先生は主張されていました。「鄧小平路線」が何を指すのかに関しては、さまざまな議論や見方があっていいと思いますが、改革開放、外資利用、市場経済、大国関係の安定、国際社会との接触と融合、それを実現するための「韜光養晦」政策、そして内政では党政分離、終身制の廃止、若手政治家の積極登用、高級官僚による各ポスト兼任禁止などが含まれるのでしょう。ちょうどあの頃、中国大陸では先生の著書『鄧小平』中国語版が出版され、ベストセラーになりました。官民問わず、多くの中国人が先生からのメッセージを汲み取ったと思います。あれから6年、先生が本書のメッセージに込めたように、習近平は「鄧小平路線」を歩んでいるように思われますか。

振り返ってみると、江沢民と胡錦濤は、鄧小平の路線を継承していた。したがって、中国はあれだけの急速な発展を遂げることができ、世界各国との関係も基本的に良好に処理できたのだ。習近平時代になっても、鄧小平路線をきっちりと継承することで初めて国内が発展し、海外との関係もうまくいく、という私の考えに変わりはない。

それでは、習近平は鄧小平の路線を継承しているのだろうか。

習近平の進路について、「毛沢東（1893〜1976）の路線か、鄧小平の路線か」と問われれば、答えはやはり後者になるに違いない。たしかに、みずからの名前を使った「習近平思想」「習近平新時代」といった言葉が社会全体で横行している現状は、毛沢東時代の個人崇拝をも彷彿とさせる。このため、習近平の政治スタイルは、毛沢東のそれに似通っているように見受けられる。

しかし、実際の習近平の政治方針や政策目標は、基本的に鄧小平の路線上にある。習近平は「東西南北中、党政軍民学、党が一切を領導する」、「党のいうことを聞いて、党について行くのだ」など毛沢東が指揮した文化大革命時代のスローガンをみずからの政治で使っている。

習近平が政治的に保守的で、社会環境全体を緊張させてしまっている現状は懸念されるべきだが、それでも彼は就任からまもなく深圳市にある鄧小平の銅像を拝みに行き、鄧小平の路線を歩んでいくという一つの意思表示をした。これからの10年を展望する場合、中国はやはり鄧小平の路線を継承することで、初めて安定的かつ健全に発展していける、と私は考えている。その点を習近平も理解している、と信じたい。改革開放や、米国や日本をはじめとする大国関係の安定的管理など、7割方の政策は、鄧小平時代から受け継がれてきた。「現状」を継承することでうまくいくだろう。ただ残りの3割に関して、いくつかの問題に直面する可能性がある。

たとえば経済成長のスピードが鈍化し、低成長になれば、習近平に不満を露(あら)わにする人民が少なくないだろう。私はとりわけ、人民解放軍の動向に注目している。軍内部でも大々的に展開されてきた「反腐敗闘争」に不満や反発を覚えている軍人は少なくない。彼らがいつどういう形で蓄積された不満を爆発させないとも限らない。軍部に比べて、知識人の力量は限定的なものに収まるであろう。

中国が比較的大きな問題に直面する可能性を、私のなかでは30%とみているが、場合や情勢によって20%、あるいは40%と表現することもある。私自身、中国情勢を観察し、判断する際に、そこまでの掌握や自信を持てていないのも事実だが、今後5~10年は、習近平ならびに中国共産党にとって難しく不安定な時期になるだろう。以下でも述べるように、経済の成長率が低迷していくなか、上からの締めつけが不断に強化されている。

どこまでをコントロールして、どこからは市場や社会に委ねるか。習近平がこのアクセルとブレーキの問題をしっかり掌握したうえで統治できるかどうかは、未知数と言える。ただ、それでもいわゆる〝崩壊〟を招くような動乱を、習近平は簡単には起こさせないであろう、というのが私の基本的な判断である。

反腐敗闘争の成果と乱への恐れ

Question

日米を含めた各国のチャイナウォッチャーの多くは、特に憲法改正を通じた国家主席任期の廃止など、習近平の高圧的な政治や拡張的な外交に対して批判的な見方をする向きがあるようですが、先生は懐疑心や不透明感を抱きつつも、習近平を頭ごなしに非難するのではなく、一定の理解、そして期待すら持たれているように思いました。習近平による政策のなかで、前向きに評価されているものとして何がありますか。

政権二期目に入った習近平という最高指導者を、どう評価するべきか、改めて考えてみたい。

私が習近平の政策のなかで高く評価しているのは、腐敗に対するガバナンス手腕である。習近平が総書記に就任した2012年やそれ以前、中国の腐敗はあまりにもひどかった。

腐敗の横行を引き起こした張本人は、市場経済を大々的に推し進めようとした鄧小平である、という見方もあるようだ。ただ、鄧小平に腐敗問題を引き起こした責任をなすりつけるのは酷だと私は考えている。それは改革開放当初の時代的背景として、ある意味では

図1-3 歴代の国家主席

年	国家主席	
1949－54	毛沢東	中華人民共和国中央人民政府
1954－59	毛沢東	中華人民共和国
1959－68	劉少奇	
1968－72	宋慶齢（民革）、董必武（中共） ☆副主席が代行	
1972－75	董必武 ☆首席代理として主席の権限を行使	
1959－76	朱徳（全国人民代表大会常務委員会委員長）	国家主席廃止(1975－82年)
1976－78	宋慶齢（中国人民代表大会常務委員会委員長代行）	
1978－83	葉剣英（全国人民代表大会常務委員会委員長）	
1983－88	李先念	中華人民共和国(1982年～)
1988－93	楊尚昆	
1993－2003	江沢民	
2003－13	胡錦濤	
2013～	習近平	

仕方がなかった。当時、鄧小平は経済を発展させるために市場を支持しなければならなかった。役人や企業家たちの積極性を許容し、利用しなければならなかった。多くを管理しすぎたり、市場に干渉しすぎたり、処分を厳しく与えすぎたりすると、政府の役人たちは萎縮してしまい何もできなくなってしまう。したがって、鄧小平は役人たちに思い切って仕事をさせて経済を発展させるために、さまざまなプロジェクトを動かすよう奨励したのである。

　鄧小平は、後に腐敗がここまで深刻になることを予想できたか否か。中央、地方を問わず、役人たちが平気で企業や人民から賄賂を受け取り、公権力を使って土地の不当な売買に関与し、私腹を肥やし、人民から収められた税金を躊躇もなくポケットマネーのように扱う状況が普遍化した状況を想像しただろうか。

私が思うに、鄧小平が当初考えていたのは主に5年後や10年後の展望であり、そのくらい中期的な時間軸で目標を達成するために今何をすべきかという発想を持ち、実行に移していった。もちろん、鄧小平も、長期的視野は持っていただろう。20年後に生じうる局面などについても、考慮していたと思う。ただし、発展不可欠という差し迫った課題を眼前にして、そこまで詳しく考える余裕がなかったのであろう。鄧小平が率先して取り組むべきは、役人を奨励し、人々に思いきり富を蓄積させることだったのだ。仮に鄧小平が20年後に生じうる腐敗の状況を詳細に考慮に入れ、何らかの措置を施したとしても、その効果は限定的であったに違いない。

習近平による反腐敗闘争は、決して簡単なプロセスではなかった。「虎もハエも叩く」と言われ、その「虎」に相当する高級官僚だけでも習近平第一次政権発足（2012年11月）から実に181名が「落馬（汚職や腐敗が原因で摘発され、党組織としての処分を受け、政治的に失脚すること）」している。なぜなら、彼が捕まえた人間の多くには地位があり、それらの人間には家族や財産もあるからである。状況はとても複雑で、役人や軍人は「明日は我が身」と怯（おび）えてしまう。これらの人間はみな、習近平の敵と化してしまう恐れがあった。

図1-4　習政権における高級官僚の「落馬」数とその一例

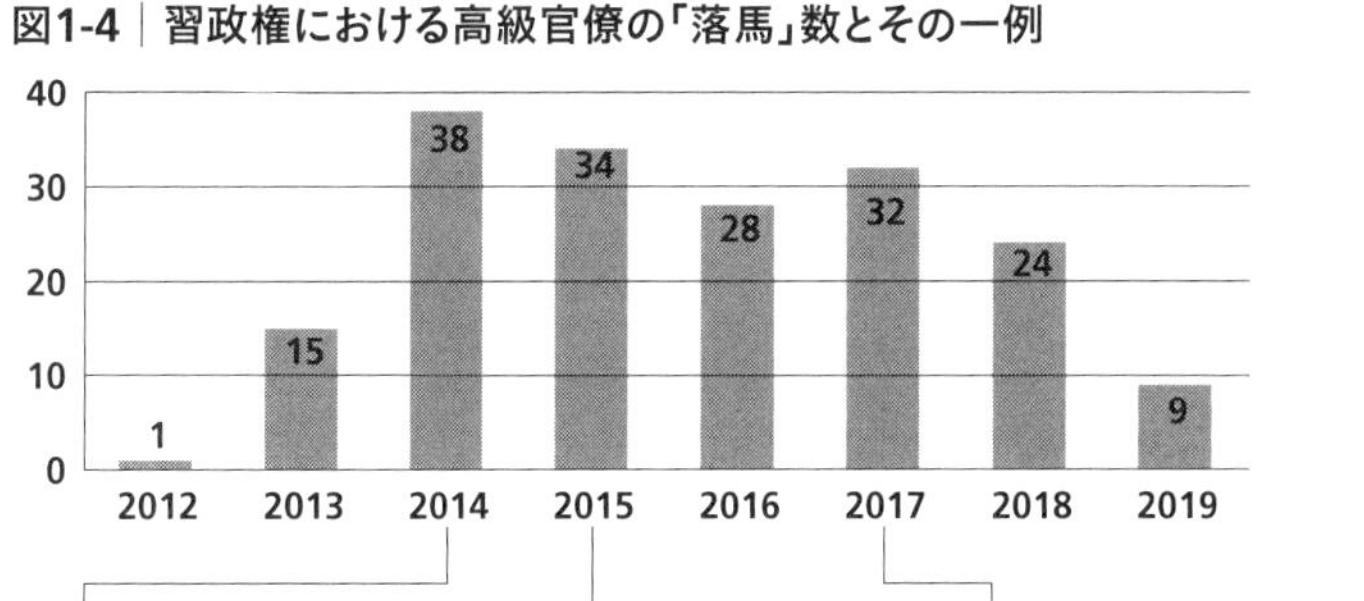

徐才厚　2014年3月
中央政治局委員
中央軍事委員会副主席

周永康　2014年7月
中央政治局常務委員
中央政法委員会書記

令計画　2014年12月
中央弁公庁主任
中央書記処書記

郭伯雄　2015年4月
中央政治局委員
中央軍事委員会副主席

孫政才　2017年7月
中央政治局委員
重慶市書記

第一次政権が発足した2012年11月〜直近2019年6月18日現在が対象。
対象となる高級官僚とは、中央次官、地方副省長、軍少将級以上を指す。
落馬時期で計算したが、司法手続きが行われた時期は異なる。

それでもやり遂げたことを鑑みれば、少なくとも反腐敗という一点において、私は習近平を批判するつもりはない（図1－4）。

中国には、いろいろなことに挑戦したいとエネルギーを溜め込んでいる有能な人材が数えきれないほどいる。そのエネルギーが注ぎ込まれる事案は、中国にとって好ましいものも、そうでないものもある。いったんコントロールを失えば、事態を収拾できなくなる。だからこそ、習近平は引き締めを強化し、あらゆる分野を管理しようとするのだろう。

私は、鄧小平が当初最も恐れていたことの一つが、中国語でいうところの「乱（ルアン）」――つまり社会全体が混乱し、カオスと化してしまうことであった、とこれまで主張してきた。そして、今日の習近平も同様に「乱」を恐れているように見える。

だからこそ、上からの引き締めとグリップを強化しようとするのだろう。以前であれば、貧しく従順だった人民は、共産党が何かを言えば、それを受け入れた。しかし今日の人民は、お金の味を知ってしまった。お金を持つようになれば、それをいかに蓄え、維持するかを考えるようになる。たとえば、中国政治が将来的にどうなるかわからず、財産の安全を不安視するお金持ちたちは、中国国内で貯め込んだ巨額の資金を、海外に移し貯め込むなど、水面下で動いている。このような行為をどう管理するか。党や政府にとっては頭の痛い問題だ。

もう一つ私が指摘しておきたいのは、鄧小平が若い頃から、後に指導者やエリートとなる中国人や外国人と、海外で多くの交流を持ってきたことだ。鄧はフランスに5年、ソ連に1年滞在していた。ソ連とフランスの状況はかなり違ったが、いずれにせよ、鄧小平は中国の将来を考えながら海外で学び、生活していたのである。フランスでは工場の労働者とも交流をしている。ただしフランス語がうまくなかったため、中国人の勉強会で海外事情を学んでいたという。当時フランスで学んでいた中国人は意識の高いエリートだったが、鄧はうまく彼らを利用した。彼らからフランスの思想や政治について中国語で理解できたのは、みずからの世界観を構築するうえで有益だったようである。

それに対し、習近平は文化大革命の時代に中国国内で育った。あの時代には組織も計画もなく、闘争しかなかった。したがって、習近平の経歴や頭のなかには「争」の要素が多くを占めている、というよりは占めすぎている。争うことの経験が、豊富すぎるのである。そのような習近平が、一つの国家を真に統治することをも理解しているのかどうか、私には疑問である。彼には闘争の角度から政治を進めるDNAが詰まっているように思われる。これも一つの問題だ、と私は見ている。

加えて、習近平を含め、今の指導者たちには、海外に学んだりする気持ちはないようだ。それよりも、自分たちはこうありたい、何をしたいという主張を世界各地でしている。謙虚さにいささか欠けるように見える。習近平は中国が世界で指導する立場にあると感じ、そう振る舞っているようにすら見える。海外旅行に出かける観光客には、海外に学ぶ気持ちが多少はあるようだが。

「争」のDNAに取り憑かれている習近平は、反腐敗闘争が一種の権力闘争であることを理解している。そして、その過程で必然的に多くの反発が生まれ、政治的圧力を受けざるを得ないことも知っている。かつて鄧小平は、第二次大戦中も含めて、多くの部下を抱えていた。彼らは鄧小平が何かを言えば、それを聞き、かつ敬意を抱いた。今日の習近平も、部下に対して多くを語り、指揮している。部下たちは表面的にはよく聞き、服従しているように見える。それでも、習近平の権威は鄧小平には及ばない、というのが私の分析である。毛沢東や周恩来（1898～1976）が健在だった時代にも、鄧小平には軍隊を引率した経験がある。この経験は、鄧小平の権威を習近平よりも大きくした。

鄧小平は、午前中に資料や新聞に目を通し、午後は人に会い、夜になれば休んだり、ポーカーをしたりテレビを見たりして自由に過ごす時間や余裕があった。権威があったからである。

それに比べて、習近平には権威がないからこそ、あらゆる「小組」を設立したり、夜にも会議を主催したりして、マイクロ・マネジメントをして、小さい雑事までやろうとしているのではないか。もちろん、グローバル化やテクノロジーが発展した昨今、一国の指導者に求められる仕事に変化が生じているということはある。ただいずれにせよ、当時の鄧小平には、細かくて小さいマイクロ・マネジメントをする必要はそれほどなかった。その代わりに、鄧小平はより多くの時間や労力を国家の大事や方針といった大きな課題の思考と検討に費やすことができたのである。

もう一つ重要な点として、習近平に、北京で働いた経験がないことは見逃せない。彼には幼少時代から一緒に育った太子党の友人がいるが、それがすなわち、中央の最高指導者として一つの国家を統治する力に自然につながるわけでは決してない。私は以上のように、鄧小平と習近平を比較している。

秩序なき混乱に生じる活力と、秩序化された社会の静寂

Question

習近平政権の反腐敗闘争によって、人々がそこから何らかの果実を得たと感じられているかは、中国共産党の正統性を考えるうえでも重要だと思います。私の観察では、当初、統治者である役人の腐敗に不満を持つ被統治者である人民は、習近平の政策に一種の正義を見出し、拍手喝采を送っていたようですが、その後は、都市部で暮らす中産階級を中心に、「それでは我々はそこから実質的に何を得たのか」という疑問を持つようになっていったように見えます。北京や広州で暮らす中産階級のなかには「反腐敗や反贅沢によって浮いたお金はどこに使われているのか？　少なくとも我々の生活に恩恵はもたらされていない」と愚痴をこぼす知人も複数いました。先生は、反腐敗闘争の成果をどう分析されますか。

人々はいくらかの果実を得た実感があるだろう、と私は考えている。たとえば、人々はこの期間でみずからの暮らしが豊かになったと感じ、社会に流通するお金が一部指導者や役人たちのポケットに吸い込まれにくくなっていることも実感している。人々はそのような現状を、みずからの生活の改善と権利の充実とに直結させてとらえるであろう。

もちろん、私たち米国人の感覚から言えば、人を恣意的に、政治的考慮の観点や目的から捕まえる、といった手法は違法であり、許容できない。物事を進めるにあたって、常に合法性に鑑みる必要はある。習近平を含めた中国共産党が解決しなければならない問題の一つだろう。

ただし、ほかの分野——たとえば交通インフラを見てみると、20年前と比べても格段に便利になっている。北京、上海、広州といった大都市だけでなく、南京、瀋陽、天津、西安をはじめ、全国各地で地下鉄の建設ラッシュが起こっている。２０１９年5月の時点で、上海では16ライン、北京では20ライン、広州では15ラインもの地下鉄網が張りめぐらされている。

また、人々は以前よりもルールを順守し、警察を恐れるようになっている。私は今でもよく覚えているが、30年以上前の広州では人々は道端を好き勝手に歩き回り、そこに秩序らしきものはなかった。当時と比べれば、現在の社会やインフラはかなり組織化されている。十字路にも信号があり、人々も赤信号では止まるようになっている。経済の発展、インフラの整備、そして社会の組織化が人々にルールに対する意識を植えつけるようになっているのだ。

米国人から見れば、今に至っても中国政府の多くのスタイルや手腕は非合法であり、社会も不自由である。ただたとえ非合法で不自由だったとしても、中国の一般大衆は〝組織された社会〟から果実を得られると感じている。みずからの言動を意図的に抑制しなければいけないのは確かだが、秩序のない混乱した状況に比べればまだましである。政府のコントロールはより厳格になっているが、「組織された生活環境」は以前より改善された、と感じているのである。

多くの米国人は、中国のこの程度の「改善」や人々の「改心」に同意しないであろうが、中国や中国人が文化大革命を経験してきた経緯を忘れてはいけない。あの頃の状況は、まさにカオスであった。

町並みや私が訪れた大学のキャンパスなどは、汚く整備されていなかったし、交通インフラや人々の生活、コミュニティーのあり方も今ほど秩序だっていなかった。私が文化大革命期間中の中国を訪れたのは1973年で、革命も後期の頃であったからか、政治的な闘争の現場を目撃する機会はほとんどなかった。もちろん、昨今の習近平政権と比べても自由がなく、上からの引き締めは強かったし、社会全体が緊張していた。

たとえば、私が地方の幹部と一緒にバスに乗って視察をしていても、道を紹介するだけでほかには何も話さないことが多かった。余分なことを外国人である私に話して墓穴を掘り、政治的に処分されるのを恐れていたからであろう。多くの中国人は官僚や庶民を含めて、そういう時期を経験してきているということだ。

いうまでもなく、「組織化された社会」にもデメリットはある。これをしてはいけない、あれを言ってはいけないというスタンダードを、一方的に強要されるのであるから。ただ、自由が少しばかり減ったとしても、社会は組織立っていたほうがよい。それが中国人の考え方だ、と私は考えている。

Q

反腐敗闘争がもたらすもう一つの問題は、中央・地方を問わず、役人たちが「事なかれ主義」に陥ってしまうことです。習近平政権は経済成長や構造改革をダイナミックに推し進めていかなければなりませんが、反腐敗闘争によって実働部隊である役人たちは萎縮してしまっています。何かしようとすれば多かれ少なかれ、捕まる口実やリスクが生じてしまう現状に怯えているように見えます。この闘争が、成長や改革に

与え得る負の影響について、どうお考えですか。

私も多くの中国人から、地方の幹部にとって現在、最良の方法は「何もしないこと」だと聞いている。彼らは、何かをすることを怖がっている。鄧小平の時代を振り返ってみると、役人や人民はみな積極的に物事に取り組み、それが奨励されていた。しかし習近平の時代はまったく逆のようだ。役人や人民はみな消極的になり、物事に取り組むこと自体を恐れている。

ただ一方で私が思うのは、これだけ広大な中国においては、多くの中国人のうち誰かが、何らかの突破口をつかむのではないか、ということだ。都市部のみならず地方の社会も巨大で、そこにも聡明な人間は多い。そんななか、一部の地方やそこで働き、暮らす一部の人々は、打開策を思いつくのではないだろうか。彼らは党中央や中央政府が掌握できない隙間や抜け道を見つけて、有意義な政策や面白いプロジェクトを推し進めようとするかもしれない。中国は中央集権国家だが、中央と地方の関係は往々にして矛盾が大きく、互いに牽制し合っているのだ。もちろん、私も広い中国の全国各地の状況を網羅することは不可能であり、そこには期待も込めた推測が混じっている。

ハーバード大学には、毎年10名ほどの中国の官僚が学びにやってくるが、彼らは非常に優秀だ。都市計画に関わる、特にインフラ整備に関しては、そういう優秀で行動力もある官僚が、力を発揮していくのではないか。個人的経験から、医療の設備や環境も20年前に比べて大分整ってきている、と感じる。私は2015年重慶市を訪れている最中に病に倒れ、現地の病院で手術を受けて1週間ほど入院した。決して一流の病院ではなく、中の上くらいの病院であっただろう。だが一通りの設備や技術、人材はしっかりしていて、問題なく治療してもらえた。20年前であれば、おそらく難しかっただろう。このように、医療や交通インフラといった中国で近年発展が著しい分野で、官僚は力を発揮していけるだろう。環境問題の改善にも、官僚の力が不可欠である。

Q

そうですね。ほかにも、戸籍の改革であったり、李克強が先頭に立って取り組む規制緩和や企業登記の簡素化といった分野でも、全国各地の官僚が力を発揮できるし、発揮していかなければならないでしょう。

私もそう思う。昨今のように締めつけが厳しく「中央にならえ」の習近平政権下でも、官僚にできることはたくさんあるのだ。一方で、懸念されることもある。私は、バブルが形成され崩壊した1989年当時の日本の情景を思い出している。日本政府は大変な思いをしただろうし、困難に陥った企業もたくさんあった。ただ結果的に、日本はバブル崩壊という苦境を乗り切った、と私は考えている。ＧＤＰ（国内総生産）で日本を追い抜いた中国が今後、当時の日本のような深刻な経済苦境に見舞われたとして、それを乗り越えられるだろうかと注視している。

たとえば、１９９３年の日本の米騒動が想起される。危機的な事態ではあったが、日本の社会は大きくは混乱しなかった。仮に中国で同様の社会不安が蔓延した場合、社会は安定と秩序を保てるだろうか。中国政府は今のうちから考えて対策と準備を練っておかなければならない。また、日本問題を研究する私の倅（せがれ）（スティーブン・ヴォーゲル・カリフォルニア大学バークレー校教授）が指摘しているが、日本の労使制度はなんだかんだいって社会に安定をもたらしている。米国のように株主至上主義で従業員を追い出すのではなく、従業員に対する安定雇用を第一に考えている。

仮に、日本企業が米国企業と同じように株主の利益を第一に考え、従業員がいつでも追い出されるような仕組みを取れば、日本の社会は混乱するであろう。勝手にクビを切れない制度は弊害もあるだろうが、総合的に見れば、日本の社会全体に安定と秩序をもたらしているという意味でメリットが大きい。

中国は今後どのような労使制度と文化を構築し、そのうえで社会の安定を守ろうとするのか。中国が、日本の教訓と手法に学べる点はたくさんあるのではないだろうか。

中国で最大の問題は「経済」と「自由」

Question

習近平政権が発足した2012~2013年当時、先生は私に「中国の最大の問題は腐敗問題だ」と断言されていました。今もその認識は変わられていないのか、あるいは腐敗問題には一定の対応が終わった、という認識ですか。

腐敗問題は非常に大きな問題だと考えているが、「最大」の問題であるとは限らない。私が考える、昨今の中国を襲う最大の問題はいくつかある。

一つは、経済の問題である。

中国の工業やハイテク産業は優秀なパフォーマンスを見せていくと思う。ただし、日本、台湾、韓国など中国周辺の国・地域は高度経済成長から低経済成長のプロセスを必然的に歩んでいる。中国も必ずこの問題に直面するだろう。中国共産党や国家指導者は、これにどう立ち向かい、処理するか。そこには不確定要素が存在する、と私は考えている。中国の既存の発展モデルは持続可能ではないからだ。あれだけ多くの道路、橋、発電所などを建設しているが、もはやそこまでの需要はなくなっていくに違いない。私はこの問題の専門家ではないし、体系的な研究をしたことはないが、たとえば以前は需要に満ちていた鉄鋼も、今となっては明らかに供給過剰に見える。

思い出されるのは、田中角栄（1918〜1993）が栄華を誇った1970年代の日本である。彼は多くの道路やインフラの必要性を主張し、実際に建設したが、後になって多すぎることに気づく。彼が主張した「日本列島改造論」のロジックやモデルで経済発展を維持することは、日本も不可能だったのである。中国も当時の日本と同じ道をたどるであろうし、遅かれ早かれ同様の問題にぶつかるはずである。

中国経済成長の速度がこれから鈍化したとき、中国人の態度に変化が生じるかどうかである。

そして、中国の大学はどうだろうか。全世界から優秀な人材を中国の大学に吸収できるだろうか。たとえば日本の若者の動向を見ていても、留学先としてまずは米国を考えているようだ。日本に限らず、外国人はまずは欧米を選択するのであって、中国留学を選択することはほとんどない。このような事実を目にして、中国人はみずからが傲慢すぎることを反省するだろうか。

また、中国でビジネスを展開している外国企業は、彼らの知的財産権について中国が法に則って保護してくれるのかどうかに懐疑的になっている。中国政府や中国人は、その理由を真剣に考えるべきだ。

日本企業や米国企業をはじめ、中国でビジネスを始めようという企業は、みずからが大切に培ってきた技術やブランドを、中国政府や企業に盗まれるのではないか、という恐怖や懸念を抱きながら取り組んできたに違いない。これらの企業は中国政府のアプローチを批判し、みずからが何らかの形で被害者になれば、やがて中国を離れ東南アジアなどに移転することを考えるであろう。それでも中国は巨大で、労働者は勤勉で、消費者は旺盛で購買力に富み、ほとんどの原材料が手に入るという魅力的な市場であることに変わりはないから、いつどのようなタイミングでどのように移転するのかに関しては、外国企業も真剣かつ慎重に考える必要がある。

経済が成長できなくなれば、いきおい中国共産党の正統性という問題に直面する。中国共産党はあらゆる方法を考えて経済成長の原動力を模索し、実行していかなければならない。ハイテクやインターネット産業は原動力になるだろうが、中国の人口は巨大であり、これらの産業のみに依存はできない。

２０１７年の時点で、中国の農村人口は５億７６６１万人で全人口の41・４８％を占める。ちなみに中国で有名な指標である都市化率は１９９６年の時点では30・４８％だったのが２０１６年で57・３％にまで上昇している。世界銀行は２０３０年には66％まで上昇すると予測している。当然、この数字が上昇するに伴い、農村で暮らす、農業に従事する人口は減少していくことになる。それでは、仮に今後、人工知能やロボットが急速に発展したとして、現時点でいまだ5億人以上いる農民、そして農村から出てきて都市部で出稼ぎ労働者として働く農民工約2・8億人は、一体どこに行ってどう働くのか。

中国政府の役人たちは人工知能やロボットに関わる産業を大々的に支持し、企業の発展や人材の育成を鼓舞する一方で、この農民らの雇用問題をどのように考えているのか、何かよい方法があるのか、真剣に考えているだろうか。中国問題や中国の未来を考えるとき、この点に非常に興味がある。

もっと言えば、科学の発展が人間の代替品を生み出す場合、14億人の人民はどこに行って何をし、経済社会の発展にどのような作用をもたらすのか。もちろん、この問題は、欧米や日本ですら解決できていないから、中国だけの問題では決してない。一つだけ言えるのは、中国の市場は巨大であり、そこにはこれだけの数の人材がいるということだ。

多くの国家や企業は、この巨大市場に興味を持ち、何らかの形で参加したいと望むであろう。中国が直面する問題は、私たちのような国外の人間にとっても他人事ではない。想像力を少しばかり働かせてみよう。問題解決のためにあらゆる施策を排除しない中国共産党は、人材を輸出する、すなわち国外への移民を人工的に促す戦略も一つの方法だ、と漠然と思っている。

私は２０１８年夏に数週間にわたって欧州国家を回ってきたが、そこには「現状に対する不満」が蔓延していた。ブレグジット（英国の欧州連合からの離脱）やドナルド・トランプ大統領（１９４６〜）の台頭などはいずれも人々の現状に対する不満という普遍的問題のうえに発生している。中国も将来的に、この問題に直面するであろう。

中国経済は今のところ比較的速く成長しており、人々も昨年よりも今年、今年よりも来年のほうが裕福な暮らしを送ることができると実感している。ただ5年後、10年後、経済成長が鈍化し、低迷した後、人々の現状に対する不満がどのような形で爆発するのか。中国は長期的に経済をどのように発展させ、人々を納得させるのか。この問題は、長期的視野に立てば、腐敗問題よりも大きく、いっそう深刻な課題であると私は考えている。

腐敗や経済の持続的成長以外に、私が非常に大きな問題だと考えているのは、共産党中央や中央政府が、社会や人々により多くの「自由」と「民主」を提供できるかどうか、である。ただこれを推し進めれば、社会に混乱をもたらすかもしれない。両方のバランスを取りながら、どう処理するかが課題である。

仮に米国人の要求する基準で自由や人権を提供すれば、中国社会は混乱するだろう。

一方で、私が日頃付き合っている中国の知識人たちは、現行の統制や抑圧があまりに強く、何も書くことができないと愚痴をこぼしている。学者の研究や執筆どころか、学校における学生の宿題やレポートにまで、言論抑圧の波が押し寄せているという。学生は当然、自己規制・審査し、萎縮してしまう。このようなやり方や雰囲気は、あまりにも抑圧的である。

知識人に関しては国内で見たり話したりできないことを、海外に来て実践できるのかもしれない。だが、少なくとも今日の中国国内では、自由や人権が著しく欠如する状況が蔓延しており、そういう現状に不満を抱く人々が増えている。そして「この状況は10年ももたない」というのが、私の観察であり推測である。

中央当局は、より多くの自由を提供しなければならない。ただ与えすぎると、あるいは与えるプロセスが拙速すぎると、社会が混乱に陥り、国家崩壊をもたらす。自由を与えつつ、混乱を招かないようにすること。これが、私から見て昨今、そして今後の中国が直面する最大の課題である。

Question

中国の政治体制は民主化に進むか

中国の共産党政権はこのまま維持されるのか。つまり、これまで以上に独裁的な政治体制になるのか、あるいは国際社会が期待するように民主化し、世界政治が「歴史の終わり」を告げるのかについて、世界中が注目しています。それがどのように推移、発展していくかに関しては誰にもわかりませんが、頭の体操として、大きな方向性だけでも考えてみたいと思います。先生は、この21世紀最大の謎とも言える中国の政治問題のゆくえをどうご覧になりますか。

数年後には、今より政治的に緩和された体制――具体的に言えば、上からの抑圧があまりにも厳しい現状よりは、いくらか多くの自由が許される体制になっているのではないか、と私は予測している。

先ほども議論したように、中国共産党が、米国人が納得するほどの自由を人々や社会に提供することはないだろうが、それでも数年以内に少しばかりは緩和されるだろう。私はこう考える根拠の一つを、歴史的な法則に見出している。

１９４９年に新中国が建国されて今年（２０１９年）で70年になるが、この間、中国の政治は緩和と緊張を繰り返してきた。昨今の状況はあからさまに緊張しすぎていて、上からの引き締めが極端なほどに強化されている。歴史的な法則からすれば、これから発生し得るのは緩和の動きだと推測できる。中国問題を思考し議論する際は、歴史の法則を無視することがあってはならない。

中国も、司法の独立や宗教、言論、結社、出版などにおいて一定の自由を享受し、形式的だとしても選挙を実施しているシンガポールのようなモデルや、制度と価値観として自由民主主義を築いている台湾のようなモデルを試しつつ、一部の養分を吸収するかもしれない。シンガポールも台湾も、同じように華人が統治しているのである。どうして中国に限って不可能だと言えようか。彼らの間には、文化的に共通する部分が少なくない。もちろん、中国はより大きく、国内事情は複雑で、解決しなければならない課題も多い。ただ不可能ではないはずだ。

私は少し前に台湾、北京、中国の東北地方を訪れたが、やはり台湾の政治体制のバランスは良いと感じた。そこには中国の文化が根づいている一方で、人々は自由と安定した社会を享受できているからだ。昨今の香港は、北京による抑圧的な政策もあり、緊張しすぎている。北京の中央政府の対応に問題があると思う。習近平がみずからの意思と決定に依拠して、全体的な局面を少しでも緩和できるかどうか、私にはわからない。以前と比べて楽観視できなくなった、というのが正直なところだ。ただここで強調したいのは、中国の歴史の法則に立ち返って考えたとき、不可能ではない、という点である。習近平が政治状況を緩和させ、政治社会や経済社会に対してより多くの自由を供給する可能性はある。

習近平が国家主席に就任した２０１３年の頃、私は彼に改革を推し進める決意と用意があり、「反腐敗闘争」に関しても、まずは権力基盤を固め、そのうえで改革をダイナミックに推し進めるという手順を取るのだと推察していた。習は「紅二代（毛沢東と革命に参加した党幹部の子弟）」とはいえ、江沢民や胡錦濤とは違い、鄧小平によって選抜されたわけではない。そうした背景から、権力基盤を固めるのに一定の時間を要することはやむを得ず、自然の流れと見ていた。ただ現況を俯瞰してみると、当時の推察とはかなり異なるようだ。

前述したように、習近平は憲法改正を通じて、国家主席の任期を撤廃してしまった。これは近代的な政治制度に背反する行為である。習近平も人間であるから、いつの日か何らかの形で最高指導者の地位から退くことになるが、誰が彼の後を継ぐのか。習近平が長くやればやるほど、後継者問題は複雑かつ深刻になるだろう。

Q

先生が注目されている習近平の後継者はいますか。先生の読み、あるいは嗅覚として、習近平はどれくらい長く現在の地位に君臨し、どんな形で後継者にバトンを渡すと思われますか。習近平から後継者に最高指導者の地位が引き継がれるそのとき、権力の空白や政治の混乱が生じるリスクを含め、中国政治は危険な状況に直面するかもしれません。長期的に見れば、確かな統治リスクになるでしょう。

私には、習近平が誰を後継者として考えているのかはわからないし、現段階でその人物を予測するという角度から中国政治を研究してもいない。

ただ、仮に習近平が二期10年以上やるとしたら、相当な反発が出ることは容易に想像できる。三期15年あるいはもっと長くやることで、逆にみずからの権力基盤が弱体化し、結果的に共産党の統治や求心力が失われるのであれば、習近平は二期10年で退き、福建省、浙江省、上海市から連れてきた〝自分の人間〟を後継者に据えることで「傀儡政権」を敷く選択をするかもしれない。いずれにせよ、習近平は後継者に自分が連れてきた人物を指名すべく動くだろう。

一方で、習近平が頭脳明晰で、能力のある人間ならば、トップ交代に伴って混乱が生じるリスクに気づいていた場合、彼は二期目（２０１７～２０２２年）の任期中に政治状況を緩和させるであろう。もちろん、私に習近平が心のなかで実際に何を考えているのかはわからない。薄熙来（１９４９～）事件（注：重慶市共産党委員会書記だった薄のスキャンダルや汚職疑惑などが噴出し失脚した事件）や多くの軍隊内部の案件を含め、かなり多くの役人や軍人が捕まってしまった。このような状況下だからこそ、習近平は、事態を緩和させられないのかもしれない。

習近平みずからだけでなく、能力のある同僚に頼りながら、全体的な政治環境を緩和させられるのかも、一つの注目点であろう。習近平に、果たしてそれができるかどうか。いずれにせよ、私がこのような点から、現状や先行きを懸念しているのは間違いない。仮に、習近平がこれから数年内に政治的局面を緩和させられなければ、中国が〝崩壊〟する可能性も否定できなくなるだろう。

もう一つ、問題がある。私はしばしば日本と中国の状況を比較するが、ここでもある比較を試してみたい。

1980年代後期の日本は、かなり傲慢と感じた。その後バブル経済は崩壊し、今となっては、日本人はかなり謙虚になっている。昨今の中国を見ていて、私はその頃の日本をしばしば思い出す。今の中国は傲慢すぎる。米国、欧州、日本、東南アジア諸国など世界各地で権力や組織力を横暴に行使している。謙虚さに欠ける行動が目立っている。

中国中央電視台（CCTV）の例を見てみよう。同テレビ局は米ワシントンDCに支局を持つが、彼らは完全にプロパガンダの観点から仕事をしていた。今となってはいくらか取り上げる内容や伝え方を変えて、以前よりもリラックスした、改善された報道内容になっているようだ。

彼らも気づいたのだろう。「共産党は素晴らしい」と宣伝するだけでは米国人に届かないし、米国人はそういう番組や報道を見ようとしない。そのようなアプローチでは、米国人を説得することはできない、ということに。

中国は経済力では日本を超え、近い将来に米国をも超えるだろうが、世界はみずからの考え方、能力、アプローチを重視する国家や社会で溢れている。中国の対外工作も、現地のアプローチや考え方に適応し、尊重しなければならない。米国だけでなくアフリカなどにおいても同様である。政府の役人もＣＣＴＶのスタッフも、アプローチや考え方を変えるよう努力すべきだと思う。一概にみずからの主張を押しつけるのではなく、相手国の民衆や聴衆の特徴や感受性をきちんと勉強し、尊重したうえで、彼らが許容できるような政策や報道を心がけるべきである。

米国では毎年約35万人の中国人留学生が学んでいて、その半分以上は留学後に帰国する。なかには、政府機関で働く者もいる。私は、彼らのように海外の事情を理解している中国人が、自国に帰って対外工作や対外プロパガンダを改善し、より諸外国のアプローチや考え方に適応し、それらを尊重する原動力になってほしい、と願っている。これは、中国が外国や国際社会との間に良好な関係を構築するうえで、取り組まざるを得ない大きな問題である。

習近平が懸念する「ゴルバチョフ現象」

Question

仮に今、習近平に何らか提言する機会を得たとして、先生は何を伝えますか。ここでは内政と外交の二つに分けて伺います。まずは外交政策に関して、いかがでしょうか。

単刀直入に、米国、オーストラリア、欧州、日本などとの関係を、もう少し良好に維持すべきだ、と提言するだろう。たとえば知的財産権の問題に関して、中国はもう少し謙虚に外国政府や企業の考え方に耳を傾けたほうがよい。西側先進諸国からの要求、特に公平な要求に対して、中国はみずから進んで耳を傾けるべきだ。そして、妥協することを覚えるべきだ。

「公平性」に関して、少し言い添えたい。

特に米国人は、公平さを非常に重んじる。我々がそれをどれだけ重んじているかを、中国人は理解していないようだ。たとえば、フットボールや野球の試合において、勝った相手を「おめでとう」と潔く祝福する。ただ仮に、あるチームがズルをして勝利したとしよう。それは公平ではないから、相手チームはものすごく怒るし、観客や世論も批判や罵声を浴びせるであろう。これが米国人の性格だ。

最近の中国を見ていて、我々の目から見ると不公平な面が多々あると言わざるを得ない。たとえば、中国企業は米国で法さえ守れば自由にビジネスができるが、米国企業が中国に行くとあらゆる面で行動を抑えられてしまう。学問の分野でもそうだ。中国人がハーバードへ来れば、図書館で資料を調べたり、我々と議論をしたり、シンポジウムで意見を発表したり、自由に行動できる。一方で、我々が向こうへ行くと、これが言えない、この人には会えない、取材や面会が理不尽に制限される、突然キャンセルされるなどの抑圧を受ける。それは不公平だ、というのが米国人の主張である。中国人はこの点をもっと理解し、米国人の性格を鑑みるべきだ。

ワシントンの反応はいきすぎた面もあると思うが、不公平さにまつわる中国への反感が、以前よりずっと高まっているのは事実である。中国が経済発展する以前、競争力がなかった時代であれば、米国人が多少文句を言っても、大した問題にはならなかった。政府内のことは直接にはよくわからないけれども、少なくとも大学の世界ではそうだった。今、中国は強くなったぶん、以前から内包してきた問題が露見しているのだ。

現在、国家安全保障会議（ＮＳＣ）で中国問題を担当しているマット・ポッティンジャーアジア上級部長は一つの例であろう。私も彼のことをよく知っているが、中国の諸事情や問題をしっかり理解していると評価している。彼は海兵隊を経て、ウォール・ストリート・ジャーナルの記者として中国に駐在していた。その間、彼は中国当局から数日拘束された。そんな彼が、中国に対していい印象をもつことは非常に難しい。同じような経験を持つ新聞記者は、米国に多い。自由に情報を集めようとしても抑えられる。中国は常に「これはやってはいけない」という姿勢で抑えようとする。不当に扱われた外国人で、中国に対して不信感を持つ人間が増えてきているということだ。

今の中国を見ていると、私は日本の1930年代末をも思い出す。軍の力がどんどん増大し、気が大きくなり、ほかの国がどう考えているかに十分に思いをめぐらせない。今の中国が、まさにそうだ。国内で希望を持っていろいろなことをやってみたい、強くなるのだと宣伝する。ただし、ほかの国の反応を、十分に考えていない。

典型的な一つの例が、南シナ海問題である。中国は一方的に、みずからの主権と領土の範囲内だと主張して、新しい潜水艦を派遣し、人工島を造成し、あらゆる軍事・民用設備を着々と造っている。そういう行為を外国企業や市民がどのように受け止めるかという部分への配慮や謙虚さに欠けている。現在のやり方は強硬すぎるし、傲慢にすぎる。経済だけでなく、軍隊も強化し、米国の経済に追いつけ、追い越せという時代になっている。そういうなかで、米国としてはインド、日本、オーストラリアと協力する必要があるという姿勢になっていくのだ。

残念ながら、トランプ大統領は外国とうまく協力する男ではない。米国の利己主義が助長されている。けれども、中国と多少なりとも協力する必要があることも理解している。中国の国力が非常に強いから、日本もやはり米国と同盟で協力しなくてはならない、となる。オーストラリアは、さらに複雑だ。米国と協力するけれども、オーストラリア国内で中国と協力しようとする気持ちは米国よりも強い。中国の経済の力、たとえば石炭のディールなどに魅力を感じる。オーストラリア経済に占める中国の力はかなり大きく、中華系人口もずいぶん増えている。

米国やラテンアメリカとの関係に関して、中国は全体的に上手にマネージしているように見える。だが、やはり強硬的すぎるのと、現地の事情をきっちり考慮しなかったり、現地社会のキャパシティービルディングを軽視したりという状況も見られる。特に、環境と労使への配慮、そして現地政府の財政的能力への見積もりが足りないようだ。「政治的条件を与えない」の一点張りで巨額の借款を与え、結果的に相手国が期限までに返済できずデフォルト（債務不履行）に陥ってしまえば、本末転倒と言える。

もちろん、中国が途上国、新興国との間に抱える問題は、先進国とのそれほど大きくはない。最大の問題はやはり米国、欧州、日本との関係だ。最も重要な点は中国が経済政策や安全保障政策を含めて、妥協することを学ぶ必要があるという点で、さもないと西側諸国との関係をうまく処理できないだろう。そうなれば、習近平がスローガンとして掲げる「中国の夢」も実現が難しくなる、というのが私の基本的な見解である。

Q

それでは次に、内政に関してどんな提言をされますか。「中国の夢」は中華民族の偉大なる復興と定義され、習近平が総書記就任後大々的にプロパガンダされているものです。イデオロギーとして国内を思想統一し、外の世界と付き合うなかで人民のナショナリズムを喚起し、中国共産党としての正統性を確固たるものにしたいという内政的考慮が色濃く出ているように見受けられます。

最も言いたいことは、環境全体、特に政治的環境を緩和させるべきだ、という点だ。私は中国の指導者、特に習近平が「ゴルバチョフ現象」の発生を懸念していることに理解を示している。

習近平は、ゴルバチョフ（1931〜）のように急進的な自由化を推し進める過程で、政権の求心力が低下し、結果的に統治不能に陥ってしまうリスクをかなり意識し、警戒している（注：一般には、急進改革派が急速に台頭して国民の支持を得た旧ソ連末期の動きを「エリツィン現象」と呼ぶが、中国では逆の転覆された体制の立場から見て「ゴルバチョフ現象」と言われる）。いったん、上から下へのコントロールを緩め、リラックスさせてしまえば、管理できなくなってしまう。極度に緩和しすぎると、国家としての統治が利かなくなり、取り返しのつかない失敗をしてしまう。習近平はゴルバチョフの経験を肝に銘じている、と私は信じている。

しかも、中国国内には官民問わず、ゴルバチョフが急激に自由化を推し進め、結果的にソ連を崩壊に追いやった〝黒幕〟は米国である、ソ連が崩壊するように米国が裏で糸を引いていたという陰謀論を口にする人間が少なくない。習近平の「ゴルバチョフ現象」への警戒は、中国国内において一定程度の支持層を擁しているのだ。

ただし、今のままでは問題である。緊張と圧力が行きすぎていて反発が心配だ。だからもう少し社会や民衆に自由を与えていかないといけない。知識人たちにもある程度自由に話をさせ、自由にものを書かせるべきだ。2018年の夏、私は欧州や旧ソ連国家を旅行する道中、結果的にソ連崩壊を招くことになった政策を実行したゴルバチョフの経験が中国にとって何を意味しているのか、どんな教訓があるのかを考えていた。

ゴルバチョフの教訓とは、締めつけを強化することではない。緩和策にも慎重に取り組むべきだ、というのが同じ轍を踏まないための教訓である。ゴルバチョフがやったような急進的な自由化はすべきではない。漸進的に、順を追って少しずつ緩和させていくべきだ。速度や程度には微調整や弾力性があっていい。一歩ずつ、順を追って前進すればいい。ただ方向性は逆行すべきではないのだ。

実際にどうなるのかはわからないが、今のこれほど締めつけが強く、抑えられた状況がずっと続くとは思わない。現状も文化大革命ほど悪くないけれども、この状況が続けば反発も激しくなり、社会として持たなくなる。昨今の政治情勢を眺めながら、私はやはり鄧小平のことをいつも考えている。あと胡耀邦のことも。

中国政治が転換期にあるときには、政治力を持つ大物が役割を果たしていた。その典型が、葉剣英（1897〜1986）だ。毛沢東時代が終わり、鄧小平時代に入り、改革開放を推し進めていく転換期において、彼が大物として、みずからの考えを持ち、力を振るっていた。そして、今の習近平にもそういう政治をよく知り、力もあり、国の将来のことを冷静に考えられる大物が必要だ、というのが私の考えだ。今の中国も、ある意味で転換期にあるのだから。

Q 私もそう思います。現在、習近平が間違った政権運営をしないように、随時、的確なアドバイスを与えられる人間が中国共産党内にいるのでしょうか。

まだわからない。ただし、今出てきてはダメだ。出る杭は打たれてしまう。それが、今の習近平政権だ。まずは自分を守る必要がある。思っていることがあっても、今は口に出して言わない。ただ、いざとなるとそういう人間が沢山いるだろう。真の意味で尊敬される人たちが。

Q

大物は、いわゆる「長老」とは限らない、ということでしょうか。習近平と同世代、以前に一緒に仕事をした元同僚、あるいはもっと若い世代でも、当時の葉剣英のような大物がすでにいて、然るべきときに力を発揮する可能性があるというご指摘ですね。国内政策に関して、ほかに習近平に対して提言はありますか。たとえば、共産党統治下の政治体制や発展モデルに深く根づいている国有企業の現状や形態は問題だとお考えですか。

中国国有企業の中国経済における地位や作用が大きく強すぎる、というのも問題だと考えている。ハーバード大学で経済学を研究している私の同僚は、中国において国有企業には問題が比較的多く、民営企業のほうが優良であり、ゆえに民営企業は中国経済でより大きな作用を果たすべきだ、と指摘している。共産党は補助金を渡したり、国有銀行に優先的に国有企業に融資をさせたり、あらゆる行政的支持を通じて、国有企業が公平な競争を経ずに民営企業より優位に立つ局面をみずから作り出している。

習近平自身が2018年11月1日の民間企業座談会で指摘しているように、昨今に至っては、中国経済において民営経済は50%以上の税収、60%以上の国内生産量、70%以上の技術イノベーション成果、80%以上の都市部雇用、90%以上の企業数に貢献している。民間企業の潜在性と中国経済にとっての重要性は一目瞭然であり、だからこそ党は民間企業が市場で公平な競争ができるような環境づくりをすべきである。

地方政府の債務問題も軽視できない。きちんと管理する必要があるが、政府は管理する過程で一定の優位性を持っているのだから、その役割を果たすべきである。企業の研究開発などに関しては、中国の企業や大学は、これまで以上に外国の企業や大学と協力し、彼らの中国での活動を支持すべきである。中国は発展を追求するなかで自国の機構のみを一方的に支持すべきではなく、重点を国際協力へと置くべきである。仮に機会があれば、私は習近平にそう伝えるだろう。

Question

戦略なのか、スローガンなのか

習近平は就任以来、さまざまな分野で中国側が定義するところの戦略方針を掲げてきました。前述の「中国の夢」「中華民族の偉大なる復興」「一帯一路」「人類運命共同体」、そして何より「習近平新時代中国特色社会主義思想」などがそれにあたります（図1－5）。習近平は「口号政治」――すなわちスローガンによる政治を大々的に展開しているとも言えると思いますが、先生はこれらをどのように受け止めていますか。人民や外国人の前で、本当に効果的だと言えるのでしょうか。私から見て、特に海外では習近平政権への不信と不満を煽っているようにしか見えません。

これらはスローガンにすぎず、スローガンはどこまで行ってもスローガンであるというのが私の第一印象である。

たとえば「中華民族の偉大なる復興」だが、一体いつの時代に戻るというのか。私から見れば米国の大学にもたくさん設立され、近年物議を醸している「孔子学院」もスローガンの範疇にある。米国の孔子学院で仕事をしている中国人教師は中国語を教え、現代中国の問題などもついでに教えているようであるが、彼らは基本的に孔子の基本的思想は何か、儒教とは何かを知らないようだ。

古代のシルクロードと現在の「一帯一路」――両者をめぐる時代背景も実際の状況も異なるが、中国の指導者は昨今の対外プロパガンダにおいてマルクス・レーニン主義を使いたくないようだ。なぜなら大衆の受けが悪く、魅力にも説得力にも欠けるからである。米国人が「自由」を使いたがるのはそれが海外諸国にとって魅力的に映るからにほかならな

図1-5｜スローガン(口号)の一例

「中国の夢」
「中華民族の偉大なる復興」
「一帯一路」
「人類運命共同体」
「習近平新時代中国特色社会主義思想」
「新型国際関係」
「中国特色大国外交」
…など

い。中国人も今日いくつかの概念を使って、みずからを表現、アピールしたいのだろう。マルクス・レーニン主義を使いたくないのであれば、伝統的な表現を古代という引き出しから持ってくる。最たる例が儒教だろう。そのほうが売れる、と中国の指導者や当局は考えているのではないかと私は理解している。

ただ私から見て、これらのスローガンに具体的な意義があるかと問われれば、実質的にほとんどないように見受けられる。習近平時代の国家戦略として築こうとしている新たな経済・外交圏構想「一帯一路」に関しても、中国の指導者は詳細に、体系的にそれは果たして何なのかという問題を考慮したことがあるのか甚だ疑問である。ただ仮にこの「一帯一路」を通じて中国と外国との関係を良好に発展させることができるのであればそれは良いことだろう。たとえば中国と欧州の経済関係が想起される。

私自身も、「一帯一路」というネーミングはなかなか良いと感じている。私にこれ以上しっくり来るものを考えろと言われれば難しいだろう。シルクロードには古い歴史がある。陸と海両方を含んでいるが、海運はずっと安いし経済的である。仮に米国がその手の概念を打ち出しても反対されないだろうが、中国だから反対されている。

Q　「一帯一路」やアジアインフラ投資銀行（AIIB）は、習近平政権にとっての対外的な目玉政策であり、特に前者は政権の威信をかけた国家戦略とも言えます。米国と日本はともに、ほかの西側先進国とは異なりAIIBに参加せず、両国の間で多少の温度差と距離感はあるものの、「一帯一路」に対しても終始警戒心を持って対応しているように見えます。先生は同盟国である日米両国における、中国のこれらの政策への対応や姿勢についてどのような評価をされていますか。

「一帯一路」（図1－6）には、米国も日本も適切な形で参加すべきだ、というのが私の立場である。適切にお金を儲けることは難しいかもしれないが、日本には適した企業がある。日本は参加したほうがいい。この構想は中国発だけれども、中国がすべての協力やプロジ

図1-6｜中国の「一帯一路」構想

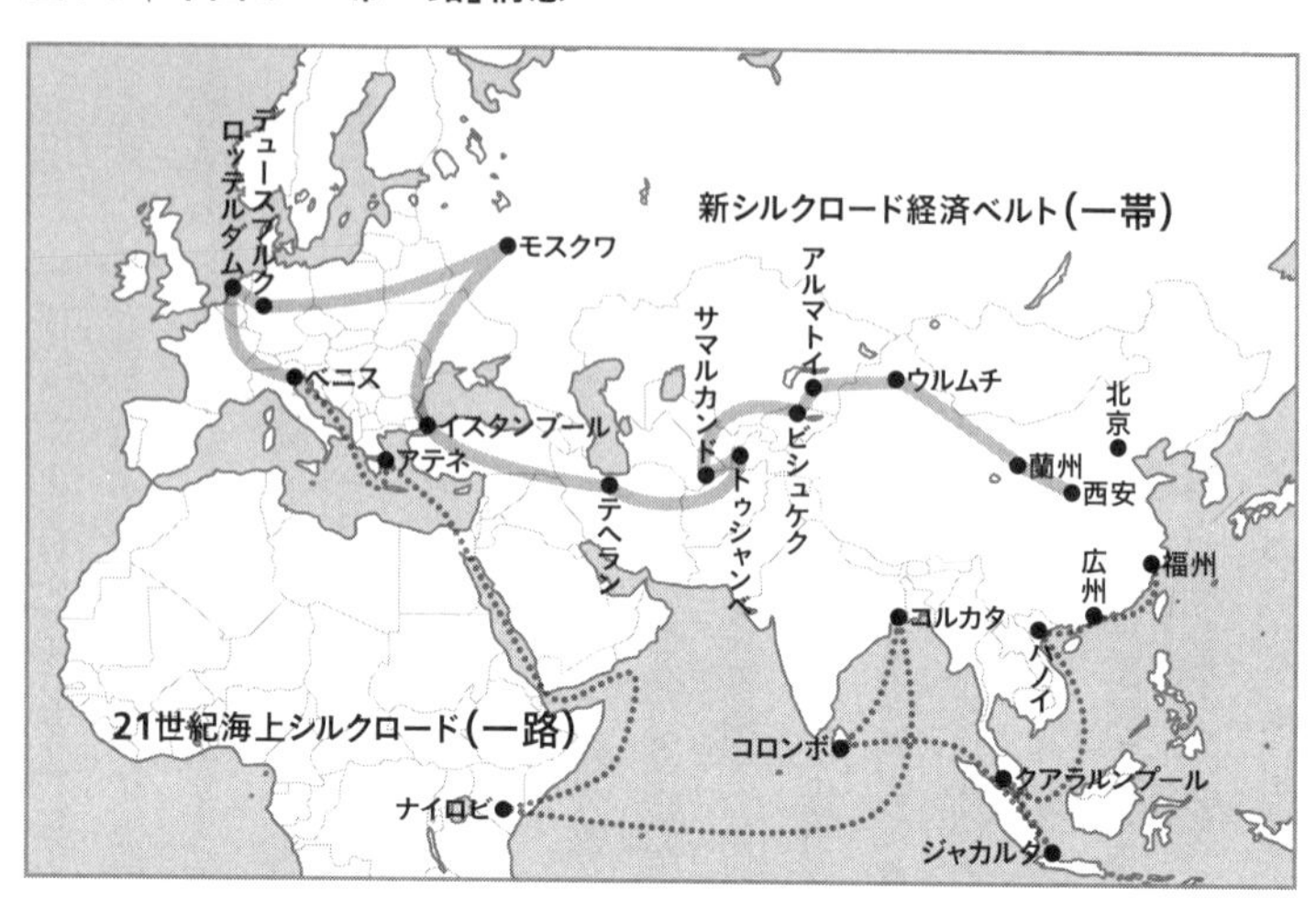

エクトを完全に牛耳るのは難しい。米国や日本では中国の意図を懸念する声が広がっているが、私は「一帯一路」に長期的で明確な計画などないと思っている。

比較材料となるのは、日本が第一次世界大戦後何を目指したか、である。第二次世界大戦で米国と戦うことを明確に目標としていたのか。野心を持った人もいただろうが、計画や戦略というよりは、愛国主義や民族復興という本能や衝動で行動したのだろう。中国も同じだと思う。計画的にやっているわけではないのだ。そこには概念しかない。

習近平にも、この構想がこれからどう育っていくのか明確にはわからないだろう。計画は将来、後づけで決めればよいと考えている。ただ目の前の課題として、

図1-7 100カ国以上がAIIBへの協力を表明

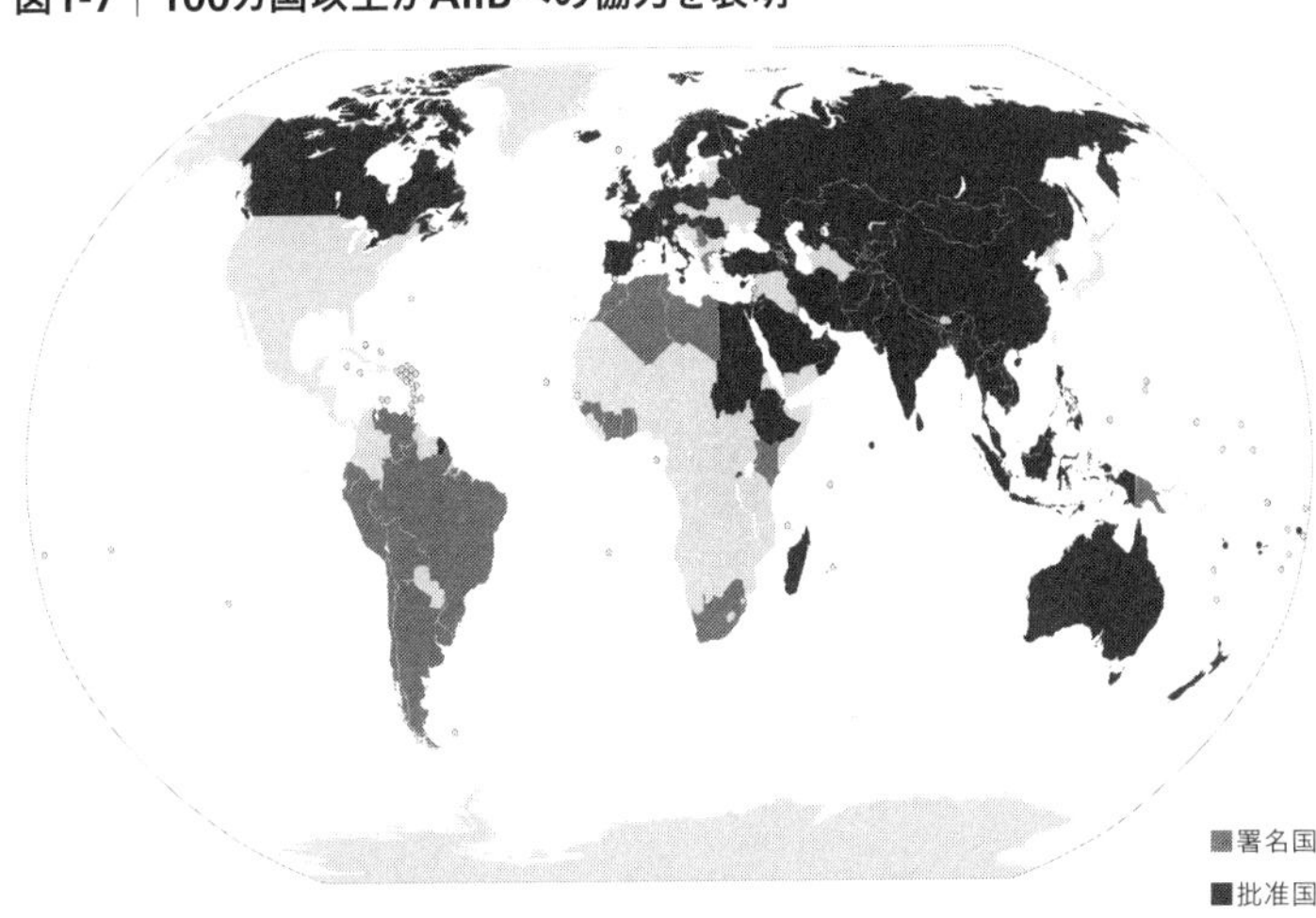

ヨーロッパと中国の間の交通インフラには建設の余地がある。中国は海外でも得意とする道路を造ろうとしている。このプロセスを推し進めるために「一帯一路」という概念を当てはめているにすぎないのだ。

ＡＩＩＢ（図１－７）に関しては、私は米国の行きすぎた警戒と拒絶は適切でないと考えてきた。ＡＩＩＢがやろうとしていることは実質的に世界銀行と似通ったことであろう。

私が知る限り、ＡＩＩＢも世界銀行の法規やルールを参考にしながら、それに基づいて運営しようとしている。現在のＡＩＩＢの顧問は、かつての私の教え子である。ＡＩＩＢの法規制度建設の多くは、彼女が中心となって進めたようだ。

彼女はハーバード大学卒、同大ロースクールで法律も学んだ。直前は20数年にわたって世界銀行で働き、中国や法律方面の業務を担当していた。だから彼女は、ＡＩＩＢの金立群総裁のことも知っている。彼女はＡＩＩＢが世界銀行の法規やルールに基づいて運営、発展させようとしていること、自分はそれを後押しすべきであることを、私に語ってくれた。自分の教え子がＡＩＩＢの設立や発展に貢献するのは、私にとっても喜ばしいことである。

私がここで言いたいのは、米国政府もＡＩＩＢを通じて中国の野心を推しはかろうと敵対的になりすぎるべきではない、ということである。協力の態度を持って、コミュニケーションを取っていくべきだ。

日本も同様の態度で、ＡＩＩＢと接していくべきだろう。日本にもＡＩＩＢに加入すべきだ、という見方や主張はあるようだが、それは好ましいことだ。特に、日本企業は具体的なプロジェクトに参加したいと望むであろう。中国は日本企業の参加を歓迎すべきである。米国も日本も「一帯一路」やＡＩＩＢに警戒心を露わにするのではなくて、前向きな協力も進めていくべきである。

実際に、中国は日米など先進国を巻き込むことを通じて、みずからの地位や影響力を向上させたいと考えている。この点ははっきりと留意しておくべきだ。ただ具体的な協力の方法については、プロセスのなかで議論、交渉していけばいいのではないだろうか。

Question

「中国の夢」と「韜光養晦」は背反するか

習近平が総書記就任以来一つの指導思想として掲げてきた「中国の夢」は、鄧小平が改革開放という国家戦略を推し進めるうえで重視した「韜光養晦」と背反する印象や意図を、国際社会に与えているように思えます。日本語で言うところの「能ある鷹は爪を隠す」――すなわち低姿勢で相手に警戒心を抱かせずに、みずからの利益を最大化させる、言い換えればメンツよりも実利を優先するという戦術だと私は理解しています。先生は、世界第二の経済大国となり、もはや前にいるのは米国だけと自覚する中国が、「韜光養晦」という一種の「鄧小平思想」を放棄するべきだとお考えですか。それが中国、アジア太平洋地域、そして世界全体にとっても結局は恩恵をもたらすことにつながるでしょうか。

私の基本的な印象を言えば、中国人はそもそもあまり夢の内容・中身を語らない。「中華民族の偉大なる復興」と定義し、みずからが偉大な国家であることを頑なに主張するが、夢が具体的に何を指しているのか。私は詳細に把握していないし、理解するための材料やチャネルも乏しいと感じている。ただ印象として、彼らはもう少し具体的内容を語るべきだと思っている。

たとえば、中国は少し前まで、フィリピンやインド、日本との関係を悪化させていたが、最近になって改善してきた、という状況があった。このような外交関係の改善を、「中国の夢」あるいはその一過程か一部分だ、といった主張である。これなら具体的でわかりやすい。ただ今日、彼らが主張する「中国の夢」は具体性に欠けており、ただ偉大さと重要性を強調しているにすぎない。

「中国の夢」と同様に、中国の指導者や政府は「一帯一路」という概念をさまざまな場面で宣伝しているが、私にはいまだに彼らがそれを通じて具体的に何をしているのか、何をしようとしているのかがわからないし、つかめない。中国は、多くの抽象的な概念やスローガンを提起するが、具体的な中身は明らかではない。

仮に私が「中国の夢」という概念に何らかの定義と議論を提示するならば、「大国間関係の重要性」を挙げるだろう。仮に鄧小平が生きていたら、彼は大国関係を重視し、しっかり対応しようとするだろうと考えるためだ。習近平にそのような意識や用意があるのか、私には依然としてわからない。

たとえば、中国は尖閣諸島周辺に積極的に船を派遣している。本国の軍隊を海外へと派遣している。これらの動きに、外国は恐怖や警戒心を覚えるだろう。アフリカやラテンアメリカなどの地域では、中国は自国の経済力を駆使して現地経済や社会を支配しようとしている。現地社会は受け入れないだろう。中国にもハーバード大学で学んだことのある幹部や役人がおり、中国が海外進出するうえで現地社会に適応し、尊重するための方法を彼らが率先して考え、実践してくれればいいのだが。

鄧小平は、「韜光養晦」をもって米国や日本との関係を良好に管理し、発展させた。今日に至っては、中国国内では「韜光養晦」を放棄すべきだ、時代遅れだ、もう必要ない、という意見もあるようだ。しかし、中国は引き続き「韜光養晦」を実践すべきだ、と私は主張したい。中国の経済が発展し、軍隊が発展し、海外での影響力が拡大している現状を我々は目の当たりにしている。しかし、中国が謙虚さを保つほうが、傲慢になるよりも、本国の利益を保証できる、というのが私の見方である。私は中国国内で「韜光養晦」をめぐる支持派と反対派の比率に興味がある。もちろん、軍人、政府役人、知識人などによってその比率は変化するであろうが。

Q

ヴォーゲル先生ご自身も含めて、米国ではハーバードの教授がワシントンに行って政策立案に直接関わる立場になったり、シンクタンクの研究者が政権にアドバイスをするなど、研究者が政策、政治に深くコミットし、貢献もしています。米国のすごくいいところだと私は思うのですが、一方で、今の中国を見ると、アカデミアは何もできず、基本的には「習近平や一帯一路は素晴らしい」と宣伝することに躍起になっているようです。

私が付き合っている知識人の一部は、とりわけ習近平時代において昇進することや、党の上層部から重用されることを目的に、媚を売っている。彼らが心のなかで考えていることと実際のパフォーマンスとの間には、一定の距離があるようだ。最近、この手の学者は増えており、彼らが実際に何を考えているかは、ますます見えにくくなっていると言えるだろう。

もちろん、私が付き合っている知識人は、基本的に海外での学習や研究の経験を持つものの、中国の学界全体を代表しているわけではない。ただ、将来的に中国経済が低迷し、大きな問題に直面し、また中国と外国との関係が緊張した場合、中国は国家として何らかの妥協をするかもしれない。自国の経済を支えるために、その過程で自国が孤立しないように、特に米国、日本、欧州といった大国との交渉や駆け引きにおいて強硬策を取らず、下手に出てくる可能性があるということである。そして、そのとき知識人がどのようなパフォーマンスをするか見ものである。

知識人が、本当の意味で自国の国益に資するような政策的提言を為政者に対してできるかどうか、が肝心である。米国ではトランプ政権という例外はあるが、私や私のハーバードの同僚、そしてワシントンに拠点を構えるシンクタンクを含め、政策立案者や決定者たちと綿密で緊張感のある対話を行ってきた。そういった対話が、中国の知識人にもできるかどうか。そうすることが、政治的に許されるかどうか。私としては、少なくとも知識人が為政者によって抑圧されている今日よりも、実際に思っている真実の声を発しやすくなることを願っている。

私自身は、今は何を言ってもトランプは聞かないとわかっているから、2020年11月に向けて政策や計画を作っていくのが学者としての役割だと考え、準備を進めている。

Q

たしかに、アカデミアの研究を、政策関係者や一般国民に正しく伝えることは現在なかなか難しい状況だと思います。先生から見て、習近平時代を生きる中国のアカデミアは何をすべきですか。

今の状況においては、まずは自分を守ることが第一だ。政治的に危ない行為は、できる限り避けたほうがよい。次に、時勢を待つことだ。中国の歴史は悠久で不確定要素に満ちている。待っている間、友人と雑談をしたり、海外へ旅行に行ったりする。私の家にも、中国人がしばしばやってくる。米国で、現地の新聞に目を通す。

そして最後に、勉強をし、充電することだ。さまざまな本を読んで歴史を知り、将来的に言動が取れるときのための備えをしておくことだ。中国大陸で本を出すことはできなくても、台湾や香港で出せる可能性もあるし、情報収集や知的集積を重ねることもできる。それでも難しければ、海外に来ればいい。

1．身を守る

2．待つ

3．その間にいろんな方法を使って勉強する

これが、今の中国知識人にできる三つのことだ。

もちろん、米国の知識人にも問題はある。米国の大学の先生たちは、やっていることが狭すぎる。理論や主張だけでなく、歴史と環境とか、幅広いことを十分に勉強すべきだと思う。利己主義者で、いいポストに就くためだけに勉強する人たちがいて、私の価値観からすれば、そういうタイプはあまり好きではないし尊敬もしていない。

一方で、野心を持ち、真面目に研究している人も大勢いる。政府内やシンクタンクにもいる。社会に意味のある研究をしたい、学生を真面目に教えたい、という人たちはかなりいる。それはいいことだ。ただ、国家、社会、世界全体のためにみずからの研究を活かしたい、という人たちが、まだ少なすぎる。今の米国の知識人、特に若い人たちには、もう少し幅広く社会全体を分析して、将来のために米国には何が必要か、米国が世界のために

何ができるかということを、もう少し真面目に考えてほしいと思っている。

Q

先生が提起なさった習近平時代を生きる中国のアカデミアが今取り組むべき三つのこと、私もそれが現実的であるように思います。ただし習近平時代が終わり、あるいはこの時代が続くなかでも、何らかの情勢や風向きが変わったとき、アカデミアの人々はそれを敏感に感じ取り、迅速かつ大胆な行動に移すのでしょうか。私は若干懐疑的です。一度締めてしまったネジを緩くすることは、なかなか難しい。昨今の中国政治を眺めながら、随所で感じることです。

楽観的すぎる願望かもしれないが、それでも私は、今媚を売ることに邁進する中国の知識人たちが、情勢の変化によってその立場や主張を変える可能性があると考えている。かつて、文化大革命から改革開放への移行は非常に短時間で行われたが、その際も知識人らの主張は一気に変わった。要するに、中国では環境が変われば、人々のパフォーマンスにも変化が生じる、ということだ。これは歴史の教訓であり、法則でもある。日本が明治維新以降力と自信をつけていった頃の状況も思い起こされる。西側に学び、文明開化と富国強兵で国力をつけた日本はその後中国を叩き、ロシアを叩いた。彼らとて当初はそのような計画はなかったのではないかと私は考えているが、自信が醸成される過程で国家も変わってしまった。日本の当時の実例は深い教訓であり、中国もしっかり汲み取る必要がある。自信を持ちすぎるべきではないということだ。

今年7月に出版する、日中関係史をまとめた拙著『China and Japan :Facing History』が中国に警鐘を鳴らす役割を果たすことを望んでいる。私の役割は一人の客観的な傍観者として、中国人に向かって当時の日本の道を歩むべきではない、日本の歴史をしっかり学ぶべきだと伝えることである。中国にはその危険性があるからだ。私が最も訴えたいメッセージである。

Question

習近平は「六四」を正視し、総括するか

2019年で、通称「六四」といわれる天安門事件が起きて30年を迎えました。当時、中国共産党指導部は鄧小平によるリーダーシップの下、民主化を求める学生や人民たちを武力で弾圧することを選び、実行しました。中国共産党史、また中華人民共和国史における一つの汚点と言えますし、国際社会からすれば、その歴史を正視し反省しようとしない中国共産党を心から尊重し、信用することは到底できないでしょう。この問題に真正面から向き合わずして、中国共産党政治が真の意味で〝離陸〟する、

すなわち持続可能で健全な発展のために一歩を踏み出すこともないと思っています。先生はどうお考えですか。

拙著『現代中国の父　鄧小平』を中国大陸で出版する際にも、「六四」をどう処理するかは難題で、多くが検閲によって削除されてしまった。私もそれを受け入れるしか、出版にこぎつける方法がなかった。

天安門事件は、中国共産党にとって遅かれ早かれ正面から向かい合わなければならない歴史である。それを経てこそ、中国は初めて前に進むことができるし、国際社会からも真の意味で尊重される。文化大革命のときもそうだった。毛沢東が過ちを犯したことを鄧小平がきちんと公に認め、文革は間違っていたという公式の見解と立場を明確にしたうえで、中国は初めて改革開放の道へと舵を切ることができた。天安門事件と中国の発展の間の関係性も、同様のものだと思っている。

もちろん、中国共産党は「大躍進」や「文化大革命」の問題や過ちに関しても、明確に語り、清算したわけではない。それが今日まで続いている状況下で、天安門事件を清算するのは現実的でないのかもしれない。

中国人は、第二次世界大戦期間中の日本人を悪者だと言う。ただ私から見れば、当時の軍閥だって悪者だ。ただ中国人はみずからのことを悪者だとは言わない。

私は時々考え、悩んでしまう。なぜ中国共産党は過ちを認めることができないのか、と。過ちを認めることはそんなに難しく、悪いことなのだろうか。彼らが一体、本心で何を考えているのか、時々わからなくなることがある。

私の考えでは、鄧小平に始まって、中国共産党は、文化大革命や大躍進は過ちだった、と考えるようになってきている。ただ、これだけ大きな国家を統一・保持するために、過ちを認めることはできないのかもしれない。なぜなら、文化大革命の過ちは、あまりに多くの人間に関係し、工作や闘争に関わった人間すべてに責任が及んでしまうからだ。

文化大革命を批判することは、これらの関係者を批判するのと同じである。それが広がってしまうと中国という国家を統一できなくなる、と中国共産党は考えているのだろう。だからこそ過ちを認めることができない。何も言わない、触れないというのが最良のアプローチだというのが理由の一つなのだろう。

天安門事件と当時中国の最高権力者であった鄧小平の関係については拙著『鄧小平』を書く過程で研究した。鄧小平は5月20日に軍隊を北京へと派遣したが、発砲はするなと命じていた。鄧小平は民主化運動に完全に反対していたわけではなかった。

実際に、方励之ら民主化運動家とも話を始めていたし、彼らの民主化運動にも反対せずにやらせた。だからこそ、方が米国へ行くことも許可した。ルポルタージュ作家の劉賓雁もそうだ。彼は、私の家に1年間住んでいた。鄧小平は、民主化運動家の渡米を許可していたのである。今日の習近平であれば、それを許さなかっただろうと想像する。

私の考えでは、1989年4月から5月にかけて、鄧小平は依然として中国は民主主義を拡大すべきであって、拙速に活動家を捕まえるべきではないと考えていた。しかし、5月末になり局面を収拾できなくなってしまい、軍隊に依存するしかなくなってしまった。鄧小平もそれには不満だったし不快だった。ただそれよりも良い方法が見つからなかったというのが真相だろう。

私は、鄧小平は二つの過ちを犯したと総括している。

一つは1988年の価格改革である。あの政策によって人々の心理状況はかなり緊張した。二つ目が、4月25日に学生運動を〝反革命〟だと断定した《人民日報》の社説である。学生たちは、それに大いに反発した。当時社説を執筆した人間は問題ない、学生が暴れることはないと踏んでいたのだろうが、実際は真逆で学生たちはあの社説によってそれまでよりも過激な行動に出るようになった。

この二つは完全に誤っていた。同年5月末になり、暴れる抗議者があまりに増えてしまい、鄧小平も為す術なしと感じるようになったのである。

私は、仮に自分が鄧小平の立場にいたらどうしたかと考える。もしかすると、私も鄧小平と同じような行動に出たかもしれない。私は通常、米国でこのような話を公開しないようにしている。人々は私を批判し、「お前は悪者だ！」「なぜ悪いことをした人間を支持するのか？」と罵るだろう。実際に、米国の一部学者は私に対してそういう見方をしている。私は鄧小平に甘すぎる、もっと天安門事件における鄧小平の過ちを批判すべきだ、と彼らは主張する。

もちろん、鄧小平が天安門事件を収拾するために取った方法は最悪だった。ただ、一国家の指導者が考慮しなければならないことが多岐にわたり、複雑であるのも、また事実である。私たち米国だって、イラク、シリア、ベトナムなどで、多くの人間を殺している。ただ私を批判する米国人学者は、そういう自国の悪業については悪く言わない。しかし、鄧小平が天安門広場で人々を殺したことは悪く言う。私は、米国がそれらの国家で行った人殺しも、鄧小平が天安門広場で行った人殺しも同じように悪く、過ちであると考える。

Q 中国共産党や習近平は、何らかの形で天安門事件に向き合うと思われますか。

それは難しいだろう、と考えている。政治的環境や雰囲気がこれだけ緊張している状況で、習近平が天安門事件を正視し、清算することは考えられない。知識人や国民が天安門事件を議論することも許されないだろう。もう少し社会の緊張が緩和された状況であれば、少しはできるのだろうが。

中国大陸で出版された『鄧小平』でも、天安門事件に関する描写が完全に削除されたわけではなかった。

当時、香港のジャーナリストは書評を書き、中国共産党が私の本を利用して、意図的に中国人民に天安門事件に関する知識をいくらか植えつけようとした可能性がある、と指摘している。なぜなら、私の鄧小平に対する総合評価は前向きなものであり、鄧小平は良い人間だ、と主張したからだ。

真相はわからないが、中国共産党が鄧小平に好意的な私という米国人学者を利用して自国民の脳裏に天安門事件の何かを植えつけようとした——。少なくとも共産党内部にそういう勢力がいて、何らかの政治的な力学が働いていた可能性はある、と私は思っている。

ここで想起されるのが、習近平の前任者である胡錦濤と日本との関係である。日本との付き合いが胡耀邦の時代にまで遡る胡錦濤は、かねて日本に対して良好な印象を抱いていた。彼は若い頃に日本を訪問し、日本人とも交流している。

２００２年12月、《人民日報》評論員だった馬立誠が日本を訪問し、中国人の日本への印象や考えを変えようと試みる論考「対日関係の新思考－中日民間の憂い」をオピニオン誌《戦略と管理》上で発表した。そんな馬の大胆さが、私は好きだ。当時の胡錦濤も、馬の論考を利用する形で、中国人民の日本への考え方を変えようと目論んだのだろうか。中国共産党内部にそのような勢力がいて、一種の政治力学が働いていたのかもしれない。習近平政権における何者かが私を利用したように、胡錦濤政権における何者かが馬を利用したのかもしれない。中国政治に迫るうえで興味深いケーススタディになるのではないか、と私はみずからの経験や処遇を振り返っている。

第2章

「良い人」日本の今昔

第2章の概要

意外だった。

昭和5年に生まれ、同54年にベストセラーとなった『ジャパン・アズ・ナンバーワン：アメリカへの教訓』（阪急コミュニケーションズ）を出版し、〝失われた30年〟とも揶揄される平成の時代をまるごと見てきたヴォーゲルは、近年の日本を批判的に見ているのではないか、と予想していた。実際は、戦争に苦しんだ昭和と異なり、平成が平和のうちに過ごせたこと、経済は低迷したけれども社会が安定し、国民が安心しながら過ごした経緯を、前向きに評価してきた。

「中国人は自国に自信満々だが、実は移民したいと考える者が少なくない。日本人は真逆で、自国の文句ばかり言っていても結局は日本に住みたいと言う」。日本人がそういう考えに至るのは「日本の国民生活が良い証拠」であり、そんな国民生活で成り立っている日本経済は〝長生き〟だと指摘する。

「平成はそれほど悪い時代ではなかった」

ヴォーゲルは、意気消沈する日本人をかばうようにそう訴えた。

令和の時代に入った日本、日本人に対して、ヴォーゲルはこれまでよりも積極的に、国際社会に対して言動で発信してほしいと期待を込める。ただ、それが希望的観測であることも日本研究者として自覚している。ヴォーゲルはハーバード大学の近くにある自宅で塾を開講し、ボストン近郊で学ぶ日本人留学生たちに英語で日本問題を議論する場を提供してきた。私自身も参加したことがある。

長年、官僚、学者、ジャーナリスト、国際公務員などあらゆるバックグラウンドを持った日本人と交流してきたヴォーゲルは、彼らに対する印象を「優秀で、物事をよくわかっていて、聞き上手であり、学生同士もよく団結している」とポジティブな言葉で評価するものの、彼らが行う発表は日本人には通じるが、異なる文化を持つ人々には伝わらない場合が多い、と釘を刺す。

ヴォーゲルは、日本に愛着を持っている。日本人は率直に裏表なく接してくれるから、中国人と比べて本音で交流しやすい、とも言う。日本人は〝良い人〟であり、日本は〝良い国〟。東南アジアなどを視察していても、米国や中国と比べて、現地社会から日本は明らかに好意を持たれ、尊敬されている、と言う。それは、日本人が戦後努力してきた成果である、と奨励する。

ただ「良い人」「良い国」だけで終わってほしくない、終わってはいけない、という強い願望を、ヴォーゲルが強調したのも事実である。国際社会における大きな問題やアジェンダにおいて、日本の考え方やビジョンが考慮されることはほとんどないのが現状だからだ。日本人はその厳しい現実を重く受け止め、それを打破すべく、そのための人材、とりわけ「大人物」の育成が急務だ、と主張する。

「大人物」というのは中国語で、「ダーレンウー」と発音する。日本語で言うところの「大物」「大器」に相当する。政治の世界で言えば、ヴォーゲルから見て戦後においては吉田茂（1878〜1967）以外に中曽根康弘しかいない。現首相の安倍晋三（1954〜）は中曽根には及ばないが、精力的に頑張っていると言う。

ヴォーゲルが鄧小平を研究してわかったのは、「失敗した政治家は強くなるという原理」だ。鄧小平は3回失脚して、ようやく政治家として確固たる地位まで上り詰めた。「安倍も一度失敗している。苦しい時期があっただろうが、あきらめずに這い上がってきた。〝大人物〟になるためには失敗も必要」と期待を込める。

第6章の「官僚と政治家の特質」で集中的に議論するが、今こそ対外的に積極的な発信が求められる日本には、政治家、外交官、知識人を含め、大きく物事を考え、国際社会に通じる言語力や話し方で大胆不敵に問題を提起し、主張できる「大人物」が求められる。ヴォーゲルがハーバードで付き合ってきたタイプの「お利口さん」タイプにそれはできないと言う。そうすることで初めて日本が長年にわたり目論んできた国際貢献が可能になるのだと主張する。環境、医療、インフラという三つの分野で日本は国際的に発信力を行使できるという具体的な指摘は参考になる。安全保障の分野でも「海の研究」における貢献を提言する。

日本が外交政策の一環、あるいはその延長として国際貢献をしていく軸は、やはり日米同盟にある。安倍政権下で憲法改正に関する議論が白熱しているが、ヴォーゲルは平和憲法を維持し、第9条を改正しなくても、日本は日米同盟を維持したまま国際的に影響力や発信力を拡大していける、と情勢を見る。特筆されるのは、トランプ政権下における日本の役割である。トランプ大統領とその政策はリスキーであるが、日本は極端な行動を取るべきではない、と繰り返し主張していたのが印象的だった。それだけ日米同盟が両国、アジア、そして世界全体にとって公共財としての重要性を持っているということだろう。

米国には政治家、官僚、知識人を含めしっかり話ができて、日米同盟の重要性を的確に理解している人間がたくさんおり、その人たちとの対話を維持するべきで、トランプ大統領が内向きな政策を取り、国際政治の舞台で〝米国不在〟の今こそ日本は〝自立〟するチャンスだという。その意味で、安倍首相がTPP（環太平洋経済連携協定）＋11を精力的に推し進めるのを支持すると表明した。

日本は、米中二大国の狭間で何ができるのか。ヴォーゲルは訴える。

「日本人は言語、歴史、文化などの面で米国人よりも中国のことを深く理解している。日米両国は知恵を集約し中国に向き合っていく。日本はそのうえで、米中の間で橋渡しの役割を果たすべきだ。そのための意識と行動は、日本の将来の国益とゆくえを左右し得る世紀の課題である」

中国問題を扱ってきた人間として、大いに鼓舞された思いである。

平成をどう総括し、令和にどう挑むか

Question

2019年5月、日本では元号が「平成」から「令和」に変わり、新たな時代に入りました。ヴォーゲル先生は、昭和5年に生まれ、昭和、平成、令和の日本と付き合ってこられたことになります。『ジャパン・アズ・ナンバーワン』が出版された1979年も昭和でした。その後、平成にあたる30年で、日本は経済力を中心に、国際的に緩やかに停滞していったのは国内外が認める現実ですが、先生はこのプロセスをどのようにとらえておられますか。

日本において、昭和の終わりは、ずっと成長時代だった。したがって、平成に突入した1989年はまだ生き生きしていた。日本は強く、将来は安泰だ、という雰囲気があった。その直後にバブルが弾け、経済の面では停滞が続いた。ただ、日本人の国民生活は良好で安定を保ってきたのではないか、と評価している。

昭和が始まったころは中国と紛争中であったのに対し、平成は完全に平和な時代から始まった。この事実が意味するところは大きい。だからこそ、昭和天皇は中国へ行くことはできなかった、と思っている。戦争の後遺症があって、それでも中国とは良い関係を作りたかったようだ。

また、世界各国・各地における日本に対する印象や好感度は、非常に高いと思う。私は最近東南アジアを見て回ることが多いが、諸国から見た日本の印象は圧倒的に良い。対して、米国の評判は良くない。中国の評判も良くない。日本は平和的な国家だ、という印象が根づいている。これこそ平成時代の成果であり、この分野では日本の平成の時代は成功したと考えていい。平和の維持と追求という目的をきちんと持って、実際に持続的に実現させた。この点に関して日本は非常にうまくやった、と私は思う。

もちろん日本に対して平和的な好感度を抱いているのは、東南アジア諸国だけではない。世界中で広く平和的で、良い国という評判を得ている、と言えるだろう。ヨーロッパの諸国も日本に対してそう考えていると思う。日本は平和を追求し、全世界で各国と仲良くしようとする国だと思われている。一方、米国は最近トランプ大統領の粗暴な振る舞いのせいで、問題視されるようになった。中国も、問題視されている側面が強い。

明仁上皇の行動を見ても、それがわかる。私の記憶では、国内では全都道府県を2回ずつ、そして海外36カ国を訪れている。これほど各地を行脚した天皇はかつていなかった。天皇が各地、各国を歴訪したという一点からも、平成日本が平和国家として歩み、それが全国、全世界で受け入れられてきた事実を物語っている、というのが私の見方である。

私の友人である川島裕（ゆたか）は、宮内庁で天皇陛下の国際親善に直接関わった。彼は1年間ハワイに滞在し、私の家にも住んでいた。彼には、平和を守りたい、という思いが強かった。人間に対する同情心を持っていた。そういう友人の姿からも、日本の平成は成功したと感じられる。

Q

とはいえ、平成という時代を「失われた30年」と解釈、あるいは表現する向きは、国内外にあるようです。安倍首相が首相就任後「ジャパン・イズ・バック」という表現をワシントンで打ち出したのも、日本がもう一度這い上がるのだという気概を示したかったのではないでしょうか。少なくとも、経済力や国際的影響力を含め、平成の時代には足りない、もどかしい部分があり、そこを埋める、克服していきたいという思いが、多くの日本人にはあると思っています。先生から見て、日本が平成の時代にやり残したこと、日本はもっとこうすべきだったという反省点はありますか。

私は経済の専門家ではないが、日本経済全体はそれほど悪くはなかった、と考えている。現在に至っても、日本社会は高度経済成長時代の恩恵を受けているし、中国市場で商業活動を行う米国の会社と日本の会社を比較してみても、日本の企業はうまくやっているのではないかと見ている。

たとえば、日本の総合商社は世界各地に事務所を持っている。私のような学者が、たとえば内陸地の重慶市へ赴いて研究調査をしようという場合も、日本の商社に連絡をすればすぐに有意義な働きをしてくれる。日本の総合商社の代表は、経済だけでなく、地方の事情もよく知っている。そういう人たちと付き合いながら、日本の企業は長い目で見て中国で成功し、それを日本経済の安定と繁栄に活かせるのでは、と思わせてくれる。

日本経済を〝長生き〟という概念で修飾してもいいかもしれない。そして、人々の生活は安定している。私が中国の友人に「今の中国はどうですか?」と聞くと、「経済はうまくいっている。中国は強い」と言うけれども、「どこに住みたいですか?」と聞くと、「できれば米国、カナダ、オーストラリアに住みたい」と言う。一方で、日本人に「日本はどうですか」と聞くと「日本は問題が多くてダメだ。少子高齢化も進んでいる」と愚痴るけれども、「どこに住みたいですか?」と聞くと、みな「なんだかんだ言って日本がいいね。日本に住みたいよ」となる。日本の国民生活が良い証拠だ。

日本は、昭和の時代は戦争に負けて、その後の成長を謳歌した。平成の時代は平和のうちに始まり、たしかに成長は限られていたが、世界各国と仲良くしてきた。生活は安定し、社会の秩序は保たれ、人々は長生きし、医療制度も充実している。米国の場合は賃金格差が大きな問題となってきたが、日本はその点でずっと問題が小さい。総じて、平成はそれほど悪い時代ではなかった、というのが社会学者である私の見方だ。

世界から見れば異質な日本人の話し方

Question

外交政策についてはどうでしょう。日本は日米同盟と平和憲法を堅持しつつも外交的な役割を増やし、国際貢献も含め存在感や発信力を強化するべきだ、と指摘されていたことも以前ありました。

第二次世界大戦終了後、日本はどちらかというと米国の〝家来〟あるいは〝弟子〟であった。「米国がどう思うか」を考えることが、日本外交の起点となっていた。今、米国は本来の外交戦略に距離を置いている。そんななか、日本はもう少し自由に、自分が考えていること、やりたいことに対して、積極的になってもいい頃だと思う。令和時代の日本外交の一つの特徴になるかもしれない。

戦後、日本人は全世界に向けて大きな発信をするような局面に出くわさなかった。常に低姿勢であった。それは良い意味でそうだったし、日本もそこから多くを得た。

ただ将来的に、米国は以前ほど全世界を監督・管理できるわけではなくなってくる。そういうなかで日本はどうあるべきか。日本外交にとっての課題だろう。米国が覇権主義をとる時代は終わった。日本とそんな米国との間には、多少の距離が生まれるだろう。ただ米国との良い関係は続けたい。中国の軍事費が、べらぼうに高くなる一方だからだ。日本に同等の予算は用意できない。だから、米国との同盟関係は続けることになる。ただそのなかで、日本はこれまでよりも大きく〝動く余地〟がある。「私はこう思う」と率直に意見を表明してよいのではないだろうか。

安倍首相はあと1～2年総理大臣を続けるのだろうが、過去15年間の歴代総理とは異なるようだ。総理大臣が毎年変わるようでは、外交ができない。その点、安倍は安定しており、外交ができる状況にある。

戦後、国際政治において真に物が言えたのは、吉田茂以降では中曽根しかいなかった、というのが私の意見だ。「何を言っているか、何を考えているか」をはっきりと伝えられる総理大臣がほとんどいなかった。中曽根は知識も実力もあり、外務省だけではなく、専門家の意見にも耳を傾けて考えをまとめていた。十分な準備と実力、そして自信があったから、何かを公に発表するとき堂々と物が言えた。安倍はこの点でまだ中曽根には及ばないようだ。でもぜひ頑張ってほしい。日本はこれから中曽根のような総理大臣を輩出できるか。真剣に挑んでほしい。

たとえば河野太郎（1963～）にそれができるか。小泉進次郎（1981～）にそれができるか。河野は米国で勉強して、英語もうまい。良い講演を数回している。私は彼に良い印象を持っている。非常に優秀で、外国で堂々たる講演ができる。中国との外交でも良い手腕を発揮している。彼が中曽根を彷彿とさせつつ、新しいリーダー像を作れるか。

私は自宅で塾を開いているが、そこに参加する日本人の学生は非常に優秀で、物事をよくわかっていて、学生同士の関係も良い。みな他人の話を聞いて、丁寧に接する。団結しやすい感じだ。ただ残念ながら、外国でそういったスキルはちょっと通じない。

というのは、日本人は国内で日本人に対してどういうふうに発表したらいいかはよくわかっているけれども、異なる文化を持つ人々に対して合理的に説明するのがうまくない。米国をはじめ、海外で発表する場合は、さまざまな文化的背景を持つ人間が多い。中国もそうだ。だから物事を説明する際に合理性を重んじて「1、2、3…」と発信する。そのほうが外国人には理解しやすい。それに堂々と物を言いやすい。

日本人の発信法はグローバルに見ると異質なのだ、ということを念頭に置かなければいけない。みな頭はいいのだろうが、それとは別の話だ。外国人に講演する際に、説明の仕方を含め、日本人は十分な準備をしていない。それは単なる原稿の準備ではなく、適性を育み、能力を蓄える準備を含めてだ。訓練が必要だ。先日も日本のある政府幹部の話を聞いていたが、何というか、弱くてかわいい感じだった。

今上天皇と雅子皇后はともに、外国のことをかなりよく知っている。天皇のことはよく存じ上げないが、雅子皇后はボストン時代に交流があり、非常に優秀で頭が良い印象だ。頑張ってほしい。もちろん政治家ではなく、天皇の役割は象徴になるけれども、日本の象徴として良い印象を国内外で発信してほしいと願っている。

生活水準が向上した一方、教育への熱意は低下？

Question

先生はそもそもなぜ日本を研究し、著書を執筆するようになったのですか。


私が最初に日本に初めて赴いたのは、1958年のことだ。以来、60年以上もの月日が経った。

私がハーバード大学社会関係学部で博士課程を履修していた当時の指導教官は、タルコット・パーソンズ教授だ。学部全体を率いていた彼は、米国におけるマックス・ウェーバー研究の第一人者で、物事を総合的にとらえて研究することのできる社会学者だった。

私はその頃、米国家庭における精神病患者の研究をしていた。彼をはじめとする先生方が、「外国を知って、初めて米国社会が理解できる」と教えてくれた。それも、「できる限り、米国とは社会構造や国民性などが異なる国に行くべきだ」と助言されたが、アフリカやインドなど当時の途上国ではあまり比較する意味がない。ある程度発展していて、かつ経済的に成長ポテンシャルがあるという条件のもと、日本を選んだのだった。

正直に言えば、もともと日本に興味があるわけではなかったし、日本のことが好きなわけでもなかった。赴いてから徐々に親愛の感情が生まれた、というのが本当のところだ。多くの米国人は、日本が好きで日本へ遊びに出かけたり、日本の文化が好きで日本問題を研究したりするが、私の場合は違った。

Q

最初の日本滞在期間中、先生は、家庭に入り込んでヒアリングするという調査研究を徹底されています。研究を進めるうちに、もともとのテーマ（精神病患者がいる家庭といない家庭の比較）から、より大きな視点で日本の経済や社会問題を研究していくことになるまで、どのような経緯や思索があったのですか。

1958年、幸運なことに日本研究のための奨学金を得ることができて、最初の1年間は日本語の勉強に専念した。東京・渋谷の近くにある語学学校で、一緒に授業を受けていた多くの学生は宣教師だった。

一国の言語を学び、一つの社会や文化を理解するには、往々にして時間がかかる。私も例外ではなく、来日1年目の日本語はたいしたものではなかった。2年目には、千葉県市川市にある国立精神衛生研究所の協力を得て研究を進めた。

私の研究方法は、とにかく日本社会、特に家庭に入り込むことだった。この研究手法は、私がその後、日本や中国、そして日中関係などに目を向け、考える過程でも大いに役に立った。理論や統計といった方法や角度のみから国家間の関係を理解するのではなく、研究対象にあたる国家内部の社会構造、国民性、文化などに焦点を当て、そこから深く理解することで国際関係を研究する、という基本的な立場と姿勢を確立することにつながったのである。そこで私は妻とともに千葉県市川市に暮らし、同研究所が紹介してくれた、同市郊外にある6つの家庭を毎週訪問した。訪問先の家庭の父親と子どもに私がインタビューし、母親には妻から話を聞いてもらい、調査研究を実施した。あれから60年が経ったが、彼らの子供たちとは今でも家族ぐるみで付き合いがある。

その後、博士論文のテーマであった精神病患者がいる家庭といない家庭の比較に関して、米国の状況と特に面白くて明確な違いがあるとは思えず、それからより大きな視点で日本の経済や社会問題を研究していこうと思うようになった。それが『ジャパン・アズ・ナンバーワン』につながったのだと考えている。

私はその後、主に国家間関係という観点から日中関係を研究してきた。ただし、個人という次元で両国関係を分析する視点には欠けていた。良い機会だから、その問題もここで考えてみたい。

日本人は、まず何より団結しているという印象が強い。

私の1958〜1960年の実地調査と観察によれば、日本の家庭は母親によってリードされている。父親も一部家事に参加するけれども、多くて半分程度だろう。ほかのことは一律に母親によって決定され、解決されていた。現在は父親の家庭内における役割や比重も多少は大きくなっているだろうが、当時は違った。

また、日本の子供は学校では教師のいうことをよく聞く。家庭内で母親が子供を厳しくしつけ、外で他者を尊重するように教育しているからだ。この手の家庭教育の厳しさは、米国をはるかに凌駕するものだ。ときに厳しすぎると感じさせられたこともあるが、このような家庭教育のおかげで日本の子供は礼儀正しく、公共の場でどう振る舞うのかを心得ている。

この点は、中国の家庭や子どもたちに欠けている。中国の家庭は、日本に倣って厳しく礼儀や規律をしつけるべきである。また、中国の学校教育では授業や宿題で子どもたちに、やみくもに暗記を強要する傾向が見て取れる。暗記＝勉強だと考える関係者が多い。暗記には長けているが、物事を柔軟に考え、分析する能力では米国の子供には及ばないようだ。この点は、ハーバードに留学に来ている中国人留学生にも当てはまる。

日本は、統一された社会である。人々の考え方や価値観も基本的に似通っている。ただ、今日の世界は複雑化しており、日本人も異なる文化や価値観を持つ人との交流や、皮膚の色の違う人との共存に適応すべく学ばなければならない。この異文化交流において、日本人は異なる文化を持つグループにみずからを紹介、説明することに長けていない。これから日本人が複雑化する国際社会で生存・発展していくためには、この分野を鍛錬すべく努力をしなければならない。

もちろん、日本人の礼儀正しく、規律やルールを重んじる国民性は世界中から尊敬と羨望を集めている。日本人はこの点を自覚し、自信を持ったうえで、先ほど述べた短所を補っていくべきだろう。

そして興味深いことに、中国人の長所と短所は日本人の真逆であるようだ。中国社会は日本よりも複雑で多元的であるが、中国人は本来的にみずからの考え方や要求を異なる人々に訴え、場合によってはディベートする能力を擁しているように見える。

一方で、礼儀正しさやルールを重んじるという意味では、まだまだ日本人には遠く及ばず、むしろこの分野での短所が原因で、世界中から蔑視されることもあるくらいである。中国がこれから国際社会でその影響力を拡大していくうえで、日本人が持っている長所を育成していくことは不可欠な課題となるであろう。

Q

日本社会において変化を感じられる点はありますか。私自身は1984年に日本で生まれましたが、特に2003年からは中国へ留学し、中国社会の激変ぶりを目にしていることもあり、自分が生まれ育った日本社会に対して「ほとんど変わっていない」という印象を持っています。

当然ながら、国民の生活水準には顕著な変化が見られる。

私が最初に滞在していた1958～60年、日本はいまだ第二次世界大戦から復興しきっていなかった。当時、多くの貧しい地域や戦争によって破壊されてしまった場所を目にした。私が住んでいた市川は中の上程度の生活水準であったろうが、〝サラリーマン〟という概念を使って日本の新中産階級の本を書いた。1963年のことだった。

たとえばテレビ。私が当時、訪問した多くの家庭にはテレビがなかった。テレビを購入するか否かはその年のボーナス次第であった。キッチンにも冷蔵庫がなく、多くの家庭では氷が使われていた。足元は土で、電気や暖房もなかった。人々はこたつを使っていた。人々は日々の生活のなかで細部にこだわり、浪費することを恐れていた。子供の教育問題を含めてである。何とか日々の生活をやりくりしていたという印象だった。このような状況は、現在ではほとんど見ることができない。今日の日本人は比較的安らかな、物質的に満たされた生活を送っている。

もう一つ非常に印象深く映ったのは、子供の試験のために必死になるお母さんたちの表情や姿であった。いわゆる〝教育ママ〟と言っていいだろう。今日における中国のお母さんと当時の日本のお母さんの奔走と必死ぶりが、私にはダブって見える。最近になって中国人もお金を持つようになり、子供が良い学校へ行けるよう教育にお金を注ぎ込むようになっている。

一方で、教育熱心さで先行していた日本では、変化が見られる。両親の子供たちに対する要求や態度も、以前ほど厳しいものではなくなり、子供へ与えるプレッシャーもそれほど強くはなくなったようだ。

当時の状況は、米国人の私から見て本当に厳しいものだった。私が訪問し交流する家庭で、両親の心理状況や態度は子供の試験の成績に左右されていた。子供が良い成績を取ればば気分はよくなり、そうでなければ落胆していた。子供の教育という要素は、当時の日本の家庭においてそれほど多くの比重を占めていたのである。

日本の発展のため平和憲法は維持すべきだ

Question

戦争で始まった昭和の時代には成長を、平和に始まった平成の時代には平和を享受してきた日本・日本人ですが、これから真の意味で「大人の国家」として発展していくために、日本人に今何が求められるとお考えですか。たとえば、おそらく今後、最も顕著な国論に発展していくに違いない憲法改正の問題、そしてそれと日本の進路との関連性を先生はどうご覧になっていますか。

今後の日本の発展の方向性を考えるとき、憲法改正は避けては通れない。この憲法は、日本の戦後の歩みにおける根幹であり、進路である。

今日、日本では第9条の改正を含め、憲法改正をめぐる議論が白熱している。改憲派もいれば護憲派もいる。世論は割れており、それはすなわち日本の将来の発展の方向性をめぐって明確なコンセンサスが取れていない、ということである。日本は第9条を改正する必要がない、と私は考えている。

一方で、米国人として認めなければならないのは、1952年以降、米国は日本を実質コントロールし、日本を〝大人〟にさせなかった点だ。日本が独立的な役割を発揮することを許さなかった経緯である。

たとえば、リチャード・ニクソン大統領（1913〜1994）と佐藤栄作首相（1901〜1975）の関係は、明らかにコントロールする側とコントロールされる側であった。今日、トランプというとんでもない指導者が米国の大統領になったために、日本はそんなトランプ政権下の米国と付き合ううえで、これまでとは異なる考え方や行動をし、実行しようとするのかもしれない。たとえば、トランプの日本への安全保障や同盟維持における責任や負担の拡大要求に迎合しつつ、あるいはそれに便乗する形で日米同盟の維持や強化へのコミットメントを弱める可能性がある。これらは日本の国益に符合しない、私から見て「極端な行動」の範疇にある行動であり、日本は決してそういう選択と決断をしてはならない。

これから、日本は極端な行動を回避しながら日米同盟を維持するという前提で、以前よりもその意思決定や行動規範が独立的になっていくだろう。アジア太平洋地域を中心とした国際社会で、日本が影響力を拡大していく趨勢は不可逆的であるし、私自身も日本の政策はそうあるべきだと考えている。ただ、これは決して今の安倍政権下で標的とされている「平和憲法」を改変することで初めて可能になるものではない。憲法の現状を維持したままでも、日本は日米同盟を維持しつつ、みずからの国際的影響力や独立性を拡大できる、と私は考えている。

Question

日米同盟は盤石か?

日米同盟を維持しながら平和憲法を堅持しつつ、これまでよりも自主的に国際社会で行動していくことが日本の進路であるべきだ、とのご指摘ですが、単刀直入に、先生からご覧になって日米同盟は盤石ですか。特に中国という「社会主義強国」が日増しに、かつ不透明に台頭している現状において、日米同盟の先行きやミッションをどのように分析されますか。

日米関係は、中国も交えて三つ巴で、重要な時期に差し掛かっている。

最近では米中間の経済貿易摩擦がエスカレートするなか、日本もそれに多大なる関心と懸念を抱いていることと思う。日米同盟が、中国の台頭にどう対応するか。米国との安全保障関係を保持しながら、いかにして中国との経済的な関係を強化していくか。中国には3万社以上の日本企業があり、その多くが輸出型企業である。仮に米中貿易戦争が激化すれば、これらの多国籍企業は当然、サプライチェーン、バリューチェーンに大打撃を受ける。

一方、米中関係が緊密化していくなかで、日本もニクソンショック時のように、みずからが孤立するリスクを恐れているようにも見える。米中両国がみずからの戦略的考慮から接近しているように見えるなか、日本が米中双方から取り残される、あるいは相手にされなくなるのではないか――いわゆる「ジャパン・パッシング」に対する懸念が、日本人のマインドのなかで表面化し、現実化してくる、という意味である。

米中関係が戦略的に競争関係を激化させ、構造的問題や矛盾が表面化する途上で、日本は米中両国の狭間でどのように生き抜き、どのような役割を演じるべきであろうか。私の考えでは、日本は米中間の橋渡しをし、みずからの知見と経験を駆使して米中間の相互理解を促進し、その過程で日米中関係の安定と発展に貢献すべきだと思う。

私がそう考える根拠として、日本人は中国について、文化、歴史、信仰、社会、言語、国民性という分野や観点から、米国人よりも深く幅広く理解している点がある。中国に関して日米の各人が知恵を集約し、より客観的に中国を理解する作業は、昨今の情勢下で急務であり、そういう作業は日米中関係の安定的なマネジメントに資するものと考える。

米中両国の狭間で、橋渡しの役割を果たすという意識と行動は、日本の将来の国益とゆくえを左右し得る世紀の課題である。日本人は日米中関係のなかでどのような役割を果たすべきか、という観点から、みずからの将来を考え、模索する視点を持たなければならない、と私は考えるのである。

そうした環境を踏まえ、日米同盟の現状と展望という観点から考えてみよう。まずトランプという大統領は、非常に信頼のおけないリスキーな人物である。しかし、米国にはほかにも多くの信頼のおける組織や機関、そして人物がいて、その多くには依然として会話や協力もしていけるだろう。日本の各界は国防総省、国務省といった機関との対話や協力を通じて、米国との同盟関係を守っていくべきである。

そして、いくらトランプ大統領・政権が不安定で、不透明で、信頼がおけないからといって、日本は決して極端な行動に出てはならない。これまで実行してきた、既存の政策やアプローチを基本的に維持すべきである。私はトランプが1回の任期だけ大統領を務める局面を望んでいる。米国政府内にジェームズ・マティス（前）国防長官（1950〜）のような経験や知識があり、理性的な判断ができる人間がいることを日本も忘れてはならない。ホワイトハウス、国会、企業、大学、シンクタンクなどにも信頼できる米国人はたくさんいる。日本はこれらの人物と対話を続ける努力を怠るべきではない。私を含めて、これらの人物は日米同盟を維持することの重要性をしっかりと理解している。

日本も引き続き在日米軍をサポートし、密接な意思疎通と政策協調を維持すべきである。

Q

日米同盟といえば、米軍基地移転の先行きを含め沖縄問題が一つの不確定要素です(図2-1)。そして、中国は日米同盟にとってのボトルネックとして琉球をとらえ、場合によっては、みずからの勢力圏にすべく何らかのアプローチを取ってきそうな気配も漂っています。

中国は大きな国家であり、一つの分野の発展がほかの分野に波及するにも、ある程度の時間がかかる。したがって、日本も焦って中国の台頭に対応しようとは考えないほうがよい。

私自身は、沖縄の状況に関心を持っている。沖縄の人々は、米軍の駐留を支持し続けるのだろうか。私は懐疑的に見ている。日本としては、仮に沖縄本島に米軍が駐留し続けることが難しいのであれば、ほかの場所に移設させることも真剣に考えるべきであろう。

中国の世論を見ると、「琉球」を奪取すべきだとか、日本は米軍を追い出すべきだとかいう議論も見られるが、これらは非現実的な話であろう。

もちろん、米軍が沖縄から本州に移設するシナリオは理論的には考えられるし、日本政

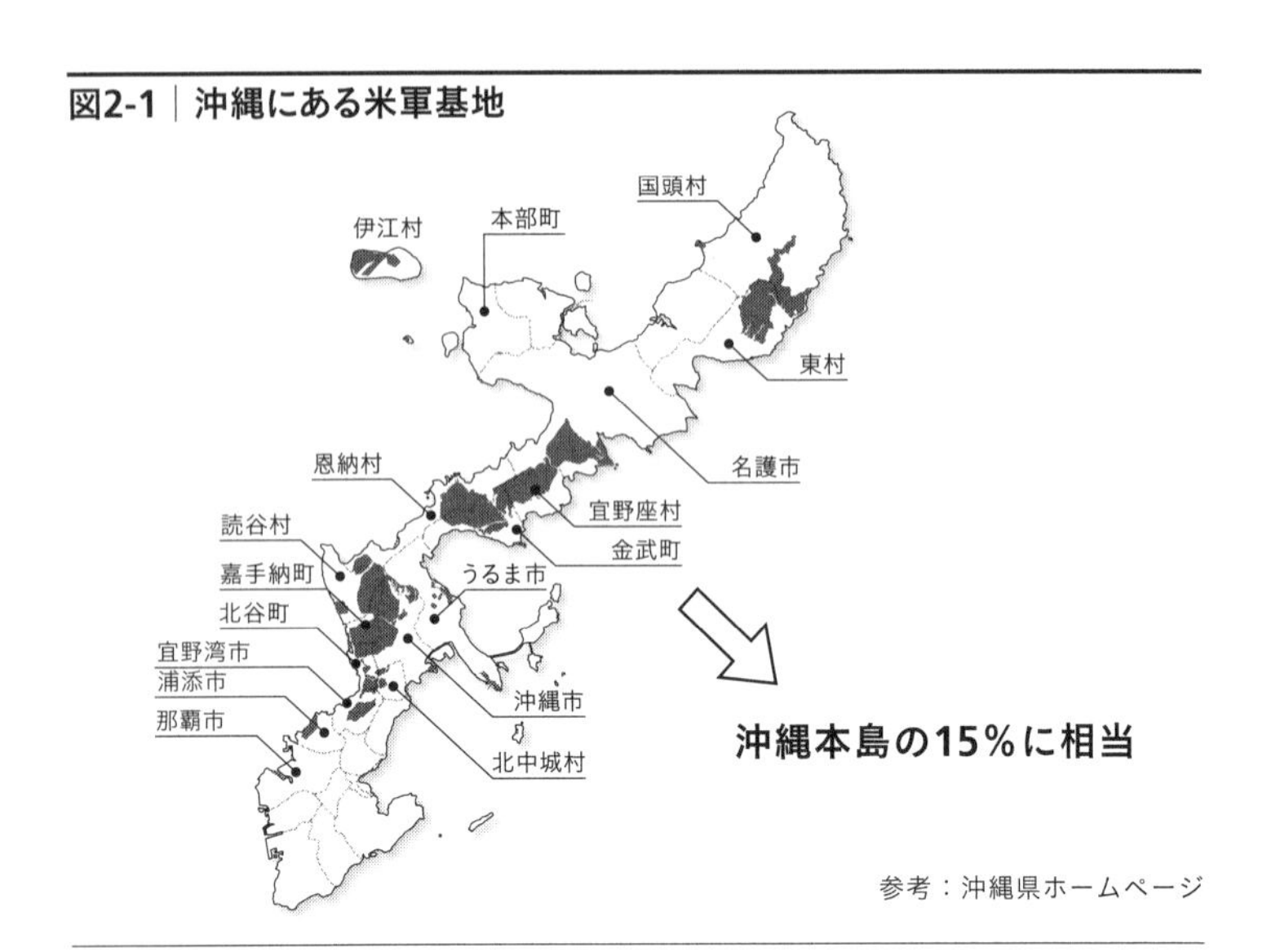

図2-1｜沖縄にある米軍基地

参考：沖縄県ホームページ

府も真剣に検討すべきだと思うが、現実的にどうか。私は米軍が沖縄に駐留し続けることが非現実的だとは思わないが、難易度が高いとも思っている。一部でも本州や四国、あるいは北海道に移設するほうが、日米同盟の安定性や日本の安全保障をより長期的に保障できるのではないか。

　私自身は日本の国内政治がこの問題をどう処理しようとしているか、詳細を知るわけではないが、基本的には現状維持という路線だろう。日本問題に関心をもつ米国人学者としては、日本政府は引き続き在日米軍をサポートし、焦ることなく、極端な行動にも出るべきではない、とだけ指摘させていただきたい。

Q

日本は中国の一挙手一投足に惑わされず、日米同盟をしっかりと強化し、それを引き続き外交の軸に据えていくべきだと理解してよいでしょうか。

日本と比較した場合、今日の中国では多くの人民が現状に不満を抱いている。政府のやり方や政策を批判的に見ており、政府もそれに焦っている。何か突発的な事件が引き金となって、大きな動乱が起きてしまうのではないかと常に神経をとがらせている。

逆説的ではあるが、だからこそ中国には「ドリーム」が必要なのだ。日本人には、すでにそのような鬱屈した不満はない。人々が革命を遂行する可能性もない。日本人の生活環境や社会構造は、すでに人々を満足させられる水準にまで達しているからである。日本の政府や指導者もみずからのためではなく、社会全体のために仕事をしているのだ、と私自身感じている。

ただ、日本の国際的な役割やポジション、影響力という観点からすれば、まだ拡大と深化の余地はあり、その意味で「ジャパンドリーム」はまだ実現していないと言えるだろう。日本人が欲しているのは〝スモールドリーム〟であり〝ビッグドリーム〟ではない。国内状況に関して、人々はすでに満足している。あとは国際的に、その役割と影響力を拡大できればいいのだろうし、私もそうあるべきだと考える。

日米同盟を強固なものに維持しつつ、日本は国際社会におけるみずからの役割を高めるべきである。

インド、欧州、オーストラリアなどとの関係をより緊密にしながら、影響力と発言権の拡大を図るのが、最も現実的なアプローチである。なぜなら、これらの国家を中心に、日本は世界各国との関係をとても良好に管理してきているからだ。どの国に行ってもみな日本を尊重し、日本が好きである、という現状が何よりの証拠である。

Question

日本のこれからのため「大人物」の育成を

私自身、一人の日本人として、世界各国の人々が日本を好きでいてくれる、日本人を尊重してくれることが嬉しくないはずがありません。ただ、実際問題、日本は本当にそんなに世界から尊重され、好かれているでしょうか。仮にそうだとして、先ほども「良い国のままでは終われない」とおっしゃったとおり、世界第三の経済大国、アジアで最も早く近代化を達成した先進国として、〝良い国〟以上の役割や自覚がこれからの日本には求められると思うのです。

将来的な発展を考えた場合、ただ気に入られる、尊重される、という次元で留まっていてはならない。比較的大きな問題やアジェンダにおいて、主要国家が日本の考え方やビジョンを考慮するかと言えば、ほとんどしない、というのが現状である。日本人はこの厳しい現実を重く受け止めなければならないし、そんな現状を打破するために今すぐ行動すべきである。

今日、日本にはかつての中曽根康弘のような「大人物」はいない。安倍晋三はそれなりにスケールが大きく、精力的に行動している。少なくとも前任者たちよりは、行動力や発信力がある。私自身は、日本の若い政治家たちの動向に注目している。グローバルアジェンダにおいて、大小問わず各国が日本の提示するアイデアやビジョンに耳を傾けるかどうか。それこそが日本の将来的影響力を図る重要な尺度になる。

日本は国際社会で多くの平和的活動に参加してきたが、いかにしてみずからの影響力や役割を拡大するかというのは、やはり問題である。知識人の役割も軽視すべきではない。

私は東京大学の高原明生教授のような、国際会議の舞台で、英語や中国語で日本人としての考えを的確に発信できる人材が、もっと増えればいいと願っている。日本は官僚、知識人、企業家を含めて頻繁に国際会議に参加するが、日本が派遣する人物は往々にして官僚主義的で、大きな人物ではない。グローバルスタンダードからすれば、日本人は〝良い人〟であって〝大きな人〟ではないのだ。率直に言い換えれば、それほど重要ではない人なのだ。残念ながらそれが、日本の発信力の実力レベルである。

日本は国際舞台で役割を演じることのできる人物を、かつてないほど必要としている。日本の昨今における発展のステージが、そういう〝個〟の出現と増加を必要としているのだ。これからは英語や中国語がいっそう重要になるし、これらの言語で、中国問題という重要なテーマを語り、発信できる日本人がますます必要になる。そういう人材の活動や発展は、日本の国際社会における影響力という国益の問題に直結するのである。日本人はもっとこの点を自覚して、人材の育成と発掘に努めなければならない。

日本人は言うまでもなくモノづくりに長けているが、みずからが擁しているもの、たとえば政策やソフトパワーを、ほかの国家や社会、都市などに売り込む能力にはやや欠けるようだ。往々にして、説得力にも欠けている。

繰り返すが、私自身は、日本社会の、特にエスタブリッシュメントの老人たちは、若い人たちにより多くの自信と機会を与えてあげるべきだと考える。頭の良い官僚ではなく、大胆に考え行動のできる政治家――要するに「大人物」を発掘し、育成していくべきだ。

さもないと、日本の国際的影響力は向上していかないし、その状況下で国益の拡大も見込めない。

米国不在の今こそ、日本は自立するチャンスだ

Question

日本にとって久々の長期政権を維持している安倍首相には国際的に発信力を高めていく点で期待できます。首相の地位にカムバックしてまもなく、安倍首相はワシントンにある戦略国際問題研究所（CSIS）で「ジャパン・イズ・バック」と題した演説を行い、自分もカムバックできたのだから、日本も再びかつての輝かしいポジションにカムバックできる、という決意を表明したものでした。

私が把握している限りでは、あの演説は経済産業省の官僚によって起草された。私の日本の官僚たちとの交流の経験に基づいて言えば、経産省の官僚は広い視野から日本の国際社会における役割、および日本がどのようなアプローチを通じて国際的影響力を拡大していけるのかを考えられるようだ。そして、彼らは日本政府のなかで最も積極的で、世界規

模で日本の役割を真剣に考えているように見える。

一方で、外務省の官僚はいかにして2カ国間関係を処理するか、という既存の枠組みで日本の役割を考える習慣があるようで、積極性やスケール感がやや乏しい気がする。

もちろん、私がこれまで付き合ったことのある外交官では、過去に岡本行夫や田中均のように大局観を持って戦略的に日本の立場や国益を考え、主張できる人間もいた。ただ今日に至り、そういう官僚は外務省には少なくなってきており、経産省に多いと感じている。私は物事を幅広く考え、大胆に行動できる人間が外交官だけでなく日本の知識人にも必要だと考えている。

私が付き合ってきた限りでは、学者では五百旗頭真、田中明彦もそうだろう。ジャーナリストでは元朝日新聞の船橋洋一は幅広く物事を考え、大胆に発信ができる「やり手」タイプだと思う。日本にたくさんいるような、優秀だが視野が狭く行動力の鈍い「お利口」なタイプではない。あと若手では、同じく朝日新聞の峯村健司も中国問題を深く理解しているし、日米中関係や日本の役割を幅広くとらえることのできる「大人物」になり得ると考えている。また、私の教え子でワシントンインサイツLLC代表の秋元諭宏も、大人物になりそうな予感がする。彼は人柄も素晴らしいし、英語も上手だ。

今日の世界は、日々変化している。

米国ではトランプ大統領が、中国では習近平国家主席が台頭してきた。日本でも安倍首相が長期政権を維持し、日本の国益や国際的役割などを精力的に発信している。それ自体は非常に良いことだ。「大人物」と「お利口」の関係に話を戻すと、安倍首相が「お利口」でないことは確かである。

ただ、私が鄧小平を研究してわかったのは、失敗した政治家は強くなる、という原理である。鄧小平は3回失敗して、ようやく政治家として確固たる地位にまで上り詰めるようになった。安倍も一度、失敗をしている。それから、鄧小平が失脚中に行ったのと同様に、数年間にわたり国家の未来や自分の将来のことをじっくりと考え、カムバックする準備をしたのかもしれない。

さらに世界史をひもとけば、英国のウィンストン・チャーチル首相（1874〜1965）も、米国のアブラハム・リンカーン大統領（1809〜1865）もそうだった。安倍首相は失敗した後、周囲から相手にされなかったり皮肉られたりした、苦しい時期があっただろうが、あきらめず這い上がってきた。〝大人物〟になるためには失敗が必要なのかもしれない。

戦後、米国は常に日本を抑えてきた。特に日本が成長してからというもの、日本は米国が受け入れ、認める範囲内でしか、物事を考え行動に移すことができなかった。

今日、トランプ政権が発足して以降、日本はより広範な範囲で物事を考え、行動するようになっている。インド、オーストラリア、欧州などとの関係がこれまでよりも緊密になっている。国際的アジェンダでこれまでよりも積極的で広範な役割を果たすようになっている。

その典型が、TPPである。私は米国が無責任に撤退したTPPについて、日本のリーダーシップで推し進めることを支持する。日本は「米国不在」の状況下で、みずからの考えをこれまで以上に実践できる機会を得るだろう。日本は現状をチャンスととらえ、積極的に情報発信や政策提案をすべきである。

Q

安倍政権下で日本はこれまで以上に積極的に国際貢献をしていこうとしています。一時、安倍首相は「積極的平和主義」という言葉を使うなどして、集団的自衛権の部分的行使を含め、先生も指摘されるように、国際社会における日本の役割を拡大しようとしています。そういう雰囲気を日本国民も国際社会も感じているでしょう。日米同盟という枠組みのなかで拡大することに疑いはないですが、先生から見て具体的に、日本はどういう地域や分野で何をやっていくべきだと思いますか。

たとえば、一つには環境問題が挙げられる。米国もトランプ政権になるまでは、グローバルに環境問題を考え、解決しようとしてきた。日本は国内で、環境問題を非常に上手に処理してきた経験がある。ヨーロッパやアジア各国と手を組んで、地球規模で環境問題を解決するための体制や管理をどうすべきかに関して、イニシアティブを発揮すればいい。

二つ目に、私の友人である武見敬三（1951〜）が言うように、日本は世界の医療制度についても貢献できると思う。たとえばアフリカや東南アジアといった地域で、医療制度や公衆衛生の問題を解決するための制度や枠組みを、いかにして構築していくか。日本には人材も経験もたくさんあるわけだから、意識的にリーダーシップを発揮すべきだ。私が主催するヴォーゲル塾には、例年国際協力機構（JICA）の人間が複数参加しているが、人柄がよく、謙虚だが自信を持って、全世界的視野で環境問題や医療問題を考え、問題提起し、議論を引っ張っていける人材だと感じてきた。

三つ目は、やはりインフラだろう。中国が最近AIIBや「一帯一路」といったイニシアティブで、東南アジアなどを中心に影響力を発揮しているが、日本にもまだまだできる余地があるはずだ。日本にはぜひ米国全土で鉄道網を造ってほしいと私は個人的に渇望している。

やはり、中国は積極的に世界のインフラ建設に乗り出しているとはいえ、現地での信用や人気という意味で、これから中国が嫌いになる国は増えていくだろう。アフリカや東南アジアを含めてだ。日本にとっては逆に、経験や技術を活かすチャンスになる。日本は低姿勢で、冷静に、きっちり議論やプロジェクトを進められる。ただし、もう少しの自信と大きな視野を持って、大胆かつ幅広く仕事をしていけばいいと思う。そういう時期が来ている。環境、医療、インフラ――これらの分野でやるべきだ。

安全保障分野でも知的貢献はできる

Question

一方で、安全保障の分野で新たな役割や貢献を日本に期待できますか。たとえば、いわゆる非伝統的安全保障の分野で海賊の撲滅などが挙げられますが、そういった国境や地域を超えた安全保障的な問題を解決するために、軍事力に頼らずに、日本の力を使っていく、軍事や安全保障に関わるけれども、外交力を使えるような分野を見出すのは難しいでしょうか。

「海の研究」などはどうだろう。

安全保障に直接関わる海洋問題で、知的な貢献をしていくことはできる。私自身は、安全保障の分野でも日本はもう少し積極的に参加するべきで、そのための国内制度を整えてはどうかと思っている。日本国内では「軍国主義」への警戒心があるのだろうが、何が貢献できるか、もう少し参加するという前提で日本は考え行動するべきだ。

Q
「日本の外交力」については、どのように評価されていますか。最近の例で言うと、2019年、日本は大阪でG20首脳会議を主催しました。議長国は、議題を設定するなどのミッションを抱えることになります。大阪という場所に各国首脳を呼んで、日本の発信力や存在感を示すチャンスでした。これも外交力の一環と言えるでしょうか。また、北朝鮮の核問題を解決するうえで、安倍首相は金正恩委員長（1984〜）との直接対話を通じて、問題解決に挑みたいといった意思表明もしています。非軍事的な力、対話や交渉を通じて、グローバルイシューを解決していくうえで、日本なりの存在感、影響力を発揮していくこと。これを外交力と言った場合、日本に期待は持てますか。

外交の力を発揮するために、米国とどう協力するか。この点で、日本は非常にうまくやっている。
ただ日本の外交官は、狭い意味で2カ国間関係を処理するためのエキスパートが揃っている、という印象を受ける。低姿勢でいいのだが、もう少し幅広く、視野を広げて日本の外交力を考える外交官が、もっとたくさん出てくれればと願う。残念ながら現在では、そういう人材が非常に少ない。

そもそも外交官の資質は、一つの国と良い関係を構築することにとどまらない。頭や要領が良いだけでは、日本の外交力は向上していかない。自信を持つこと、幅広く広い視野で思考すること、そして大胆に行動すること——この三つの資質が、今後の日本外交を担う人材には求められてくるのだと考えている。ハーバードのUS−ジャパンプログラムに参加する日本人のなかには優秀で良い人もいるが、この三つを満たすような〝大人物〟は残念ながら少ない。日本はもう少し真剣に〝大人物づくり〟を考え、進める必要がある。

第3章

「覇権国」米国の役割

第3章の概要

「私は社会学者であると同時に、愛国者でもある」

ヴォーゲルはみずからのアイデンティティーをそう定義する。

最近、ボストンやワシントンを拠点にする国際関係や中国問題の研究者たちから「私は愛国者だ」（I am a patriot.）という言葉をよく聞く。トランプ大統領に対する不満や、同政権下における米国の将来に対する懸念に、端を発しているようである。国内情勢、対外政策を問わず、米国が誤った方向へ向かわないように何とかしたいという渇望心、一方で、自分にできることには限りがあるという無力感。国を想うがゆえの葛藤――。

米国人ほど、学者たちが強烈で奥行きのある愛国心を持つ国民はいない、というのが私の観察である。客観的な統計や資料を元に、科学的な方法で研究を進め、発信しようとするが、その過程や結果が学術界の進化という次元をはるかに超えて、米国という祖国の発展と優勢に寄与することを自覚的かつ無意識のうちに渇望する。そして、そのための闘争なら、生涯を通じて拒まない。両親がヨーロッパから移住してきたユダヤ人であるヴォーゲルも例外ではない。今回の対談を通じて、私はそんな感想を新たにした。

アメリカンドリーム。

これを幼い頃から追い求め、養ってきたヴォーゲルは、夢というのは、はっきりとした、楽観的なものであるべきだと言う。しかしながら、現在に至ってアメリカンドリームは失敗し、多くの同胞は夢を持てないでいることを、社会学者として問題視し、愛国者として嘆いている。イラクやシリアで、戦争によって物事を解決しようとしたことを、とりわけ問題視する。中国の台頭を前に軍事力を誇示することでみずからが優位にいるのだと主張する「軍国主義者」らに警鐘を鳴らす。

米国はアメリカンドリームを再構築すべきであり、それは「中国、日本など外国・国際社会との良好で健全な協力関係を築いたうえで、初めて成り立つものだ。米国は主体的に、前向きに、世界におけるみずからの地位を下げる覚悟を持ち、示すべきだ」とヴォーゲルは強く訴える。戦後、日本は米国による占領を経て、平和憲法と日米同盟を基軸に対外戦略を貫いてきた。軍事力を持てない日本は安全保障を日米安保条約へ委託し、その枠組みのなかで経済の発展に努めた。ヴォーゲルの愛国心に聞き入りながら、敗戦からの祖国再建に尽力された、私にとっての祖国の先輩たちの我慢と葛藤に思いを馳せた。

興味深かったのは、ともすれば揶揄されることもある日本の「移民政策」を、ヴォーゲルが評価してきた点である。アメリカンドリームを再構築するうえで、その軍事政策や対外政策以外に、国内政策では移民問題を例として挙げる。特に英国の欧州連合離脱（ブレグジット）問題以降、移民問題に注目しているという。

移民によって建国され、発展してきた米国だからこそ、移民をどう扱い、活かすかという問題をこれまで以上に慎重に考え、考慮するべきであり、「多すぎてはいけない」と若干曖昧な表現で持論を述べつつ、日本の移民政策を「比較的適切で、身の丈に合ったものであったと評価できる」とする。

ヴォーゲルは毎年、日本を訪問するたびに、70歳以上になってタクシー運転手として頑張っている人を目にする。彼らとの会話を通じて、「日本が労働力を持続的に確保していくうえで重視すべきは、高齢者活用だ」と考えるに至った。元気に長生きする高齢者たちに生き生きと働いてもらえるかが、日本が超高齢社会を生き抜くうえで重要だと言う。ヴォーゲルなりの日本愛を感じた。

同時に、一人の知識人として、研究対象をどこまで愛するべきなのかという問題を考えさせられた。遠すぎても、近すぎても見えるもの、見るべきものが見えなくなるのだろう。愛国者ヴォーゲルは、社会学者として向き合う日本と中国という研究対象とどういう距離感を保ってきたか。今回の対談を通じて明らかにしたかった一つのテーマであった。私のなかでこれまでよりも明らかになったのは、ヴォーゲルは祖国の発展のために日本や中国を真剣に研究し、米国だけでなく、日本や中国の国民に直接語りかけてきたということである。

米国は怖い。

ヴォーゲルと向き合いながら、そういう感覚を抱かなくなったと言えば嘘になる。本書にとっての核心的な枠組みでもあるが、日本はこれまで以上に真剣に、日米中関係のなかでみずからの立ち位置と役割をどう定義し、どう実践していくかという問題を考え、行動すべきなのだという思いを新たにした。

ヴォーゲルに日米中三国民の「愛国心」を比較してもらった。日本人の愛国心は比較的強く、しかもそれは自然と湧き出るもので、それが時に島国根性という精神につながり、我慢強さや忍耐力に結実しているという。中国人のそれは「自分たちの文化こそ世界一だ」という認識に成り立っており、歴史に対するプライドも反映しているという。宣伝工作によって政治的に愛国主義を盛り上げようとする特徴も見逃さない。米国の場合はやはり「自由の国」という要素が大きいと指摘する。ただ近年では自国や自分のことばかり考える利己主義がはびこり、「自信満々ではなく自分勝手な国民が増えた」と祖国を批判する。

ヴォーゲルから見て、戦後を生きた米国のエリートは、世界平和への希求、宗教と道徳心・自律心、理想主義の探求という相互に絡み合う三つを擁護することによって米国人を愛国的にしてきた。そして、ヴォーゲルも身を置く学術の世界を含め、エリートが全世界のことを考えなくなってしまったことが、米国人が愛国的でなくなってしまった一つの重要な背景にあると指摘する。

米国民は自信を失い、祖国に失望している

Question

中国の台頭など外部環境が変化していくなかで、米国の国内状況をどのようにとらえられていますか。特に、習近平国家主席が「中国の夢」を掲げ、2013年、カリフォルニア州にあるサニーランドでバラク・オバマ前大統領（1961〜）と行われた会談にて、「中国の夢」はアメリカンドリームと相通じている、とまで言いました。一人の米国民として、アメリカンドリームのあり方の変遷をどうご覧になりますか。

アメリカンドリームは、私が幼い頃から追い求め、養ってきたものだ。だが最近、多くの米国人は祖国に対して失望している。アメリカンドリームは失敗した、と私は思っている。米国も失敗した、と思っている。

すべての国民ではないにせよ、多くの国民はアメリカンドリームがすでに「夢物語」に終わってしまったと落胆しているように見える。多くの国民にはよい仕事がない。現状に不満を覚え、未来を不安に思っている。中国経済が米国経済を追い抜くだろう、と怯えている。

私たち米国は、イラクやシリアで重大な過ちを犯してしまった。米国経済はこれまで、常に世界ナンバーワンであったが、それを維持することは難しそうだ。これまでは米国だけにできたことを、今となっては多くの国家もできるようになっている。米国の地位は下がってしまった。国民は自信を失い、祖国に失望する、という負の連鎖が起きている。

過去も現在も、夢というのははっきりとした、楽観的なものであるべきだ。しかし現在、私たちは本来持っていたドリームを実現し、維持することが難しくなっていると感じている。

なぜなら、未来が不透明だからだ。今日の米国には夢がない国民がたくさんいる。このような状況下で、一部の人間は軍隊に依拠して中国に対して「我々はあなた方よりも強く大きい。やれるものならやってみろ」と自分を誇示するやり方を提唱しているし、そういう対応法が歓迎されたりする。私はこういうやり方は適切ではないと考える。

米国の軍隊における予算は多すぎる。財政赤字もバカにならない。今日の米国に、新しく実現可能なドリームを国民や社会に訴えることができる優れたリーダーがいないことは誠に残念である。

Q

米国が再び国際社会で輝くために、失ったドリームを取り戻すためにはどのようなビジョンを持って、どのような行動を取っていくべきだとお考えですか。また、国家の盛衰を考える場合、まずは国内問題をしっかりと解決したうえで力強い外交を行っていく、というのがセオリーだと思うのですが、先生は米国内に内在する諸問題をどうご覧になっていますか。

第二次世界大戦後、英国は植民地を失い、そのなかで国内外の事業も規模縮小を余儀なくされた。当時の英国も辛かっただろうが、それは仕方のないことだ。それと同じ道を、現在、米国も歩んでいる。

第二次世界大戦後、私たちは世界を引っ張ってきた。今となってはその地位を失いつつある。今日の米国は、米国と世界各国の実質的状況を全面的に考慮したうえで、独りよがりではない新たなドリームを考え、訴えなければならない。

今日の米国には貿易不均衡問題、移民問題など問題が山積みである。一人の社会学者として、これらの問題が、米国人がドリームを追求し、実現する過程で及ぼす影響は相当大きい、と認めざるを得ない。したがって、私たちには新しいドリームが、私たちの能力や身の丈に見合ったドリームが必要だ。

そして、私から見て、これらのドリームとは、中国、日本など外国・国際社会との良好で健全な協力関係を築いたうえで、初めて成り立つものだ。健全で開かれた国際主義が、アメリカンドリームの再構築には求められているし、それが不可欠である。

米国は主体的に、前向きに、世界におけるみずからの地位を下げる覚悟を持ち、示すべきだ。そして、戦争は過ちであり、間違った手段なのだということを認め、覚えておかなくてはならない。私たちが以前、イラクやシリアで行った戦争は間違いだったのだ。私たちにはその能力がなかった。そもそも戦争や武力行使という手段を使って他国、他地域を効率的かつ安定的に管理しようという発想自体に、無理と限界があったということである。ベトナム戦争の場合も同じである。

米国による数々の失敗を経て、私は思うことがある。大統領が選挙によって選ばれる民主主義国家である米国において、軍事力ですべてを解決できると奢り、体制や民族の異なる他国や他地域の平和や繁栄を担保できるという「軍国主義」的発想が蔓延し、民衆がそれに扇動され、それを支持するようになる事態はとても危険である。戦争を二度と繰り返さないために、米国はみずからの政策を変える努力をしなければならない。

実際は、現在に至るまで、私たちはみずからの能力に適した新しいドリームを見つけられていない。それを実現するための、適切で及第点に達するリーダーもいない。彼らは、選挙キャンペーン中には、米国はこうあるべきだと強調するけれども、それがアメリカンドリームの再構築につながっていない。

ただこのような厳しい現状を前にしていたとしても、私たちは理想を放棄してはならない。アメリカンドリームという理想である。

私は最近、移民問題に注目している。なぜなら、移民によって建国され、発展してきた米国にとって、移民をどう扱い、活かすかという問題はアメリカンドリームの根幹に関わるからである。私が祖国の繁栄という観点から移民問題に関心を示し、再考するきっかけになったのはやはり英国でブレグジットが発生したことである。実際に英国だけではない、移民の受け入れに積極的だったドイツでさえ社会的反発が起きている。移民問題はもはや世界全体の問題、国境を超えて世界の平和と繁栄に関わる問題である。

あまりに多くの移民を受け入れることはできない。米国も、世界各国にとってもそうだ。すべての国家は自国がどれだけの移民を受け入れられるのかを慎重に考慮し、決定すべきだ。私は多すぎてはいけないと思っている。欧州連合からの離脱を選択した英国、そしてドイツの人々は移民が多すぎると感じている。

このような現状を正視するとき、今となっては、日本の移民政策は比較的適切で、身の丈に合ったものであったと評価できる。今後日本の高齢化現象はいっそう進行し、労働力不足に悩むだろうが、移民は一定の人数に制御すべきだ、というのが私の考えである。

私の観察によれば、日本が労働力を持続的に確保していくうえで重視すべきは〝高齢者の活用〟である。日本でも長寿に伴い退職の時期が延びてきたが、毎年日本を訪れるたびに、タクシー運転手など70歳以上になっても頑張って働いている人々を目にする。実際に何歳まで働いてもらうかは個人差があるだろうし、政府も慎重にルールを調整していくのだろうが、元気に長生きする高齢者たちにいかに生き生きと働いてもらえるかが、日本が超高齢社会を生き抜くうえで重要な要素だと考えている。

移民立国である私たち米国も、受け入れにある程度の上限を設けるべきだ。今後、移民をある程度制限するという流れは止まらないだろう。そもそも、移民立国と言っても、建国当初から米国の移民政策は矛盾を内包していた。たとえば1924年、米国は日本人を含めた移民を制限する移民法を施行している。現在と状況は異なるが、白人と黒人間の人種的偏見、アジア系やヒスパニック系人種の割合が増えている趨勢において、特にトランプのような大統領が出てくるなかで、米国が移民政策において抱えてきた矛盾がいつどのようにして表面化するとも限らないと私は見ている。

Q

広大な米国において、すべての地域、分野が衰退しているというわけでもないのでしょう。デトロイトのような債務不履行で崩壊危機に瀕した都市がある一方で、スタンフォード大学があり、世界中からIT産業やスタートアップの頭脳が集まるベイエリア、シリコンバレーはこれまで以上に活気づいているように見えます。ヴォーゲル先生は米国の産業界、そしてご自身が所属するアカデミアの現状をどう見ていますか。ハーバードのキャンパス内から眺めても、アメリカンドリームは失われつつあるのでしょうか。

以前、米国の産業は世界一だったが、現在となっては日本の多くの商品品質は米国のレベルを超えている。中国の技術も、少しずつ向上しており、より安い商品を私たちに提供している。つまり、米国経済の優位性と影響力は下がっている。このような情勢下で、私たちはみずからの力量に合った、持続可能な新しい夢が必要になってくる。

ただ、米国のアカデミアにおけるドリームには問題ない。大学、学界、学者、私たちには夢がある。世界中を見渡してみても、知識界をリードしていけるのはやはり米国だ。この優勢と夢は堅持していくべきだ。

たとえば、中国の知識界はあまりに制限が多すぎて、学問や表現の自由もなく、多くの議論が公開されない。だからこそ、私たちはこの分野で引き続き世界を引っ張っていくべきだ。

ハーバードだけではない。スタンフォード、マサチューセッツ工科大学などもその資格を擁している。これらの大学ではアメリカンドリームは引き続き実現していけるはずだ。現在この分野で米国の水準や能力に達する国家はない。

ただ国家の次元において、私たちは自分を変える努力をしなくてはならない。特に軍事政策においてである。

これからは米国と中国が、世界で最も大きな二大国家として君臨していく。もちろん、私は心のなかでは米国が一番強大な国家で、世界で最高のパフォーマンスをする国家であってほしいと願っている。

私は愛国主義者であり、同時に一人の学者でもある。自分の国家やその力量を、客観的に分析する責務が私にはある。そして、そんな私が出したのは、次のような結論である。今日、米国にはみずからの力量に適した新たなドリームが必要だ――。

米国企業は『ジャパン・アズ・ナンバーワン』から何を学んだか

Question

1979年、先生の著書『ジャパン・アズ・ナンバーワン：アメリカへの教訓』は、日本でもベストセラーになりました。日本人は往々にして米国人の見方を気にしますし、当時を生きた多くの日本人が同書に勇気づけられたと思います。ただ先生は、そもそもあの本は米国人に向けて書いたものだ、ともおっしゃっていました。日本での反響や影響力はともかく、米国内での効果をどう見積もっていらっしゃいますか。それは、先生の目的にかなうものだったのでしょうか。

米国人が日本社会の特徴や長所、なぜ「東方の小国」がこれだけのスピードで奇跡的な発展を遂げたのかを理解しながらみずからを反省し、米国自身の発展につなげると同時に、米国の日本企業との付き合い方にも一石を投じたい、と私は考えていたのである。

ただ、実際に日本の成功的経験から真剣に教訓を汲み取った米国企業や市民は、ごく限定されていた。主に日本と競争関係にある一部企業家だけが、私の本やそこで行った議論、与えたアドバイスなどに真剣に向き合ったようだ。

彼らはみずからが品質や効率を向上させる必要があり、日本企業からその経験や方法を学ぶ必要があるという認識に至った。私もそれらの企業から呼ばれて現場へ赴き、従業員たちに日本企業の教訓をいかに汲み取るべきかを演説し、ともに勉強を重ねた。

私の故郷であるオハイオ州には本田技研工業（ホンダ）の工場がある。ホンダの従業員は勤勉で有能だった。オハイオ州を拠点とする米国の企業家は、ホンダに真摯に学んでいた。また、ゼネラルモーターズ（GM）とトヨタ自動車の間にも、相互に学ぶためのプラットフォームができた。私の本は、そのプロセスに一定の作用をもたらしたと言える。

私が『ジャパン・アズ・ナンバーワン』を書く過程で注目していたテーマの一つが、教育である。

米国という国家・社会でいかにして教育を普及させるか、という問題である。米国の都市と農村、高所得者と低所得者、沿岸部と内陸部の間の教育水準と資源には、巨大な格差が存在してきた。一部地域およびその政府には、教育に投じるお金があまりにも少なすぎる。たとえば、私の母校であるオハイオ州立大学といった地方の公立大学には学生の数は莫大である一方でお金が足りず財政的に困窮している。この教育問題について当時、米国は日本を参考にし、日本に学ぶ必要性を私は説いた。日本の教育は比較的平等で、教育資源の分配も比較的均等であった。その後、ワシントンなどで私の問題提起が一定の議論を呼んだが、その効果は限定的だったように思える。

『ジャパン・アズ・ナンバーワン』執筆後、私が企業家や読者、政府関係者らから得たフィードバックを元に、その後私は*"Comeback: Case by case: Building the resurgence of American Business"*（１９８５年）という本を出版した。ただ、残念なことに、当時この本を手に取って読んだ読者数は少なすぎたようだ。同書は私が出版した本のなかで、最も影響力の小さい作品だった。

「愛国」とは何だろうか

Question

『ジャパン・アズ・ナンバーワン』を執筆された目的を伺うと、先生なりの祖国への愛情が感じられます。日本を重視し、そこから何らかの教訓を得るという意識と作業が、米国が持続的に発展していくうえで重要になる、という先生なりの愛国主義がにじみ出ています。先生はこの「愛国」というものにどのような姿勢や見方を持っておられますか。特に、これまで日本、中国と付き合ってこられた米国人学者として、三国の愛国主義をどう比較しますか。

私が尊敬する旧友に、朝日新聞の論説主幹を務めた松山幸雄がいる。私と彼は同い年だ。日本で出版された拙書『ジャパン・アズ・ナンバーワン――それからどうなった』（たちばな出版、2000年）に序文を寄せてくれた松山は、そのなかで私のことを「コスモポリタン愛国者」と描写した。少し照れくさかったが、まあそう言われればそうなのかなあと思ったものだ。

「愛国」とは何なのだろうか。

私の経験と観察から日米中の愛国主義を簡単に比較してみたいと思う。

まず日本人だが、その愛国主義は意外と強いと思っている。しかも、日本人の愛国心は自然と湧き出る類のものであり、それが時に島国根性という精神につながり日本人の我慢強さや忍耐力に結実しているように思う。

中国人の愛国主義は、なんと言っても「自分たちの文化こそが世界一だ」という認識で成り立っている。それは歴史に対するプライドとも言える。みずからの悠久の文化に自信は持っているが、それだけで国民を団結させることができるか、為政者はいつも心配している。だから宣伝工作を通じて国民の意識を統一させようとする。政治的観点から愛国主義を盛り上げようというのが中国の特徴である。

米国の場合は、やはり建国以来、世界各国の人々を魅了してきた「自由の国」という要素が大きいだろう。ただ、10年ぐらい前から自信がなくなってきたようである。国や社会も分裂してきた。自信を持って未来へ向かっていくというよりは現状に対して文句ばかりを言うような国民性が根付いてしまっているような気がしてならない。自信満々ではなく自分勝手な国民が増えた。利己主義と愛国主義は当然異なる。みなが利己的になってしまえば愛国主義は育たない。

愛国と言ったときに私が思い出すのは、マデレーン・オルブライト（1937〜）、マイケル・マンスフィールド（1903〜2001）、ウォルター・モンデール（1928〜）といった偉大な政治家である。彼ら、彼女らは愛国者だった。国家の未来のために物事を考え、実践していた。米国一国ではなく全世界のことを幅広く考え、自分にできることに真剣に向き合いながら行動していた。エリートたちは自分の権益だけではなく、国民が豊かになるように、社会全体が繁栄するように行動していた。

戦後を生きた米国人たちが愛国主義を抱擁し、実践するに至った背景・要因として、ここでは三つだけ取り上げたい。

初めに、エリートが愛国主義を持ち、実践していた一つの歴史的背景が、第二次世界大戦にあると考えている。当時、ナチスはひどかった。私の両親がヨーロッパから米国に移住してきたユダヤ人だから、その思いはことさら強い。あの戦争の残酷さを乗り越え、世界平和の実現のために良い秩序を作る。そのために米国が貢献する。それが、当時を生きた米国人の愛国主義だった。前述した人物は、その典型であった。実際に、戦後構築された秩序とシステムは、その後の世界の平和と繁栄を保障し、促進するための原動力となったことは論をまたないだろう。

次に私が想起する要因は、宗教である。戦後の一定期間、米国では宗教が強かった。一例がメソジスト派だろう。多くの人が教会などに赴いて宗教に参加した。それが社会やコミュニティーに道徳をもたらした。少し極端に聞こえるかもしれないが、神様のために、社会や国家、そして世界全体にとって良いことをしよう、という潜在意識と行動規範が、米国人たちに自律を促していたのである。ただその後、宗教という要素が、米国人の生活様式、行動規範、価値体系に及ぼす影響が弱体化していった。結果的に、道徳心や自律心を持って社会、国家、世界に向き合う米国人が少なくなっていった。それはすなわち、愛国主義の劣化を意味していた。

最後に、理想主義という要素が挙げられるだろう。「世界平和」という四文字は理想的に聞こえるかもしれないが、戦後の世界は本当にそういう理想を必要としていたし、それを実現するために米国人、特にエリート層を駆り立て、国民もそれを支持し、続いていった。大いなる理想を掲げ行動する人々には、世界全体のことを第一に考え、ゆえにみずからを律し、自分にできることを真剣に考え、実践する素養が備わっていった。私が生まれ育った中西部オハイオの小さな街の人々や母校の関係者でさえ大いなる理想を持って、米国の発展と世界の平和に何らかの形で貢献しようとしていたのである。

以上、戦後世界平和への希求、宗教と道徳心・自律心、理想主義の探求という相互に絡み合う三つが、当時の米国人を愛国的にした背景・要因である。言い換えれば、これらが失われた、あるいは弱くなったがゆえに、昨今を生きる少なくない米国人、特にエリート層が全世界のことを考えなくなった、愛国的でなくなった理由だと思われる。

今日の政治家も狭隘な利益のために物事を考え、実践しているように見える。私が身をおいてきたアカデミックの世界でも、同様の現象が起きていると感じている。今日、健全な愛国主義精神を持っている若者は、私たちの世代が若かった時代に及ばないようだ。自分の研究成果、たとえば学位の取得や論文の発表、終身教授の地位にばかり固執し、それを得るためには一生懸命に働くが、米国全体の繁栄、世界全体の平和を念頭に学者として何ができるか、何をすべきか、という観点から日々の仕事に向き合っている学者は少なくとも私が見る限り、私が若かった頃よりも少なくなっている。

今日の米国は、戦後の繁栄と平和をみずからの行動で促した頃の米国に及ばない。その一つの要因は、米国の愛国主義が後退した現状と構造に見出せる。一人の祖国を愛する学者として、この現状を認めないわけにはいかない。

自由の氾濫と、はびこる「軍国主義」

Question

米国の愛国主義が後退しているという現在、この趨勢に歯止めをかける術はあるのですか。前述のアメリカンドリームの話とも関連しますが、米国が本来の姿を取り戻し、将来的に発展していくために、今、何が必要だと先生はお考えですか。

以前、米国社会はたしかに、自由や個人の権利、機会均等などを提供していた。それらは素晴らしい制度と価値観の産物だった。多くの移民は、それらを享受するために米国を目指した。私の両親もそうだった。

今、米国は変わらなければいけない。

今あるものを、どれだけ変えることができるか。私たち米国は国家としてもう少し小さい目標や野心を持てないか、という青写真を私は描いている。漠然と手を伸ばすのではなく、みずからの国益や役割を、あえて限定的に設定してみてはどうだろうか。対外戦略における軍隊の役割は、まさにその典型的なケーススタディになるだろう。

米国において、変化すべき分野は多々ある。

昨今の米国が直面する問題の一つは「自由」が氾濫していることだ。特にお金持ちは享受している自由を使って、あらゆることができてしまう。自由が溢れれば、人々はありとあらゆる権利や考えを主張し始め、収拾がつかなくなる。

たとえば、鉄道一本すら造れないといった状況だ。自由の尺度をどのように把握するか。ただ単に自由を誇り、求めるのではなく、どんな自由が真に愛国的なのか。そんなことを最近よく考えている。実際に、自由と鉄道という観点からすれば、日本は自由な国家・社会であるにもかかわらず、世界で最初の高速鉄道、すなわち新幹線を建設することに成功した。

米国で生活するなかで、真っ先に思い浮かぶのがインフラの問題だ。ニューヨーク、ボストン、ワシントンなどの地下鉄、これらの都市間の鉄道は見るに堪えない。新幹線だけでなく、日本の地下鉄や全国に緻密に張りめぐらされ、厳格に管理され、有効に機能している鉄道網は本当に素晴らしい。いつも切実に思うのだが、ボストン—ニューヨーク間、ニューヨーク—ワシントン間を含め、ぜひ日本の企業に新幹線を造ってほしい。日本のインフラにおける経験や技術が、米国の遅れたインフラ環境を改善するのに必要だと常日頃感じてきた。私がずっと付き合ってきた日本との関係を元にこう考え、提言することも一種の愛国主義なのではなかろうか。

日本にできていることが、なぜ米国にできないのだろうか。能力の問題もあるだろうが、それ以上に制度や観念の問題だろう。既存の制度や観念が、それを許さないのだ。ただ効率のいい便利なインフラは、米国人の生活に必要なものだ。愛国の精神から、この問題を考えてみる必要が、私たちにはある。

最近の米国を覆っている「軍国主義」も問題である。

１９７０年代のベトナム戦争は米国が犯した過ちである。その後、米国の軍隊はイラクとシリアで過ちを犯した。問題なのは、これらの経緯があるにもかかわらず、今日の米国では依然として、多くの人々が軍隊を使って問題を解決したがっていることである。ドナルド・トランプもそのなかに含まれる。裏を返せば、これは米国内にそれだけ現状に対する不満が蓄積されていることの表れであろう。

私は祖国を思うがゆえに、学者という立場から常に批判的に米国の現状を見ているが、米国の中産階級の生活は基本的に満足いくもので、仮に私に世界中で生涯暮らしたい国家を一つ選べと言われれば、私はやはり米国を選ぶだろう。生活は便利であり、何でも揃っている。世界各地の人々と交流することもできる。

そうした個人の生活はいいけれども、国家としてどうなのか。私たちは多くを反省し、変えなければならない。たとえば、米国の教育や医療の制度は、日本やカナダに及ばない。一人の学者として、私は批判者としての役割を自覚し、堅持し続けなければならない。問題を正視し、提起をし続けてこそ、学者はその本来のミッションを達成できるのだから。

『ジャパン・アズ・ナンバーワン』を出版して間もない頃、パナソニック（旧松下電器産業）創業者の松下幸之助と交流する機会があった。

彼は私に会うなり、開口一番「あなたは愛国主義者だ。私はあなたのことをよく知っている。あなたがあの本を書いたのはまさにあなたの国のためだ。あなたの目標はとても明確だ」と言ってきた。彼の指摘は正しかった。これからも一人の愛国主義者として、自分が正しいと信ずることに、懸命に取り組んでいきたいと考えている。

ハーバードが恐れるのは北京大よりスタンフォード

Question

先生も従事されてきた高等教育の分野は、米国の国力や魅力を伸ばし、そして米中間の大国間競争の将来を占ううえで重要だと考えます（図3－1）。私自身は幸運なことに、北京大学とハーバード大学で学ぶ機会を得て、自分なりにキャンパスのなかから双方の特徴や優劣を観察してきました。2018年5月、習近平国家主席が北京大学を視察した際、「北京大学は、中国の特色ある世界一流の大学になるべきだ」と主張しました。その10年前、私が北京大学で学んでいた2008年5月、胡錦濤前国家主席が同大を視察した際には「北京大学は、世界一流の大学になるべきだ」という主張でした。習近平の新時代になって、〝中国の特色ある〟という色彩が濃くなっています。ハーバードの人間として、そんな北京大学を脅威に感じますか。北京大学、そして清華大学はハーバード大学に追いつくことを目標にしていますが、ハーバード側はそんな中国の最高学府をライバル視しているのでしょうか。

ハーバード大学に長年勤めてきた人間として、大学のキャンパス内から中国や日本をは

図3-1 | 世界大学ランキング2019

順位	大学	国
1	オックスフォード大学	UK
2	ケンブリッジ大学	UK
3	スタンフォード大学	USA
4	マサチューセッツ工科大学（MIT）	USA
5	カリフォルニア工科大学	USA
6	ハーバード大学	USA
7	プリンストン大学	USA
8	イェール大学	USA
9	インペリアル・カレッジ・ロンドン	UK
10	シカゴ大学	USA
11	スイス連邦工科大学チューリッヒ校（ETHZ）	スイス
12	ジョンズ・ホプキンス大学	USA
12	ペンシルベニア大学	USA
14	ユニヴァーシティ・カレッジ・ロンドン（UCL）	UK
15	カリフォルニア大学バークレー校	USA
16	コロンビア大学	USA
17	カリフォルニア大学ロサンゼルス校（UCLA）	USA
18	デューク大学	USA
19	コーネル大学	USA
20	ミシガン大学	USA
21	トロント大学	カナダ
22	清華大学	中国
23	シンガポール国立大学（NUS）	シンガポール
24	カーネギーメロン大学	USA
25	ノースウェスタン大学	USA
26	ロンドン・スクール・オブ・エコノミクス・アンド・ポリティカル・サイエンス（LSE）	UK
27	ニューヨーク大学（NYU）	USA
28	ワシントン大学	USA
29	エディンバラ大学	UK
30	カリフォルニア大学サンディエゴ校	USA
31	北京大学	中国

出所：タイムズ・ハイヤー・エデュケーション

じめとする国際関係をみてきた。大学の競争力や魅力は、米中間の国力を比べるうえでも重要な分野だ。

北京大学は、果たしてハーバード大学を超えるのか。

数年内にはないだろう。ただ、清華大学が科学技術の分野で、米国の多くの一流大学を超えることはあるかもしれない。なぜなら彼らは巨額の資金を投じて、海外留学組を呼び寄せ、研究開発に取り組ませているからである。

ただ、仮に中国の大学が習近平路線で運営されていくとすれば、外国の若者は北京大学や清華大学で学びたくはなくなるだろう。学生だけではない。政治環境がこれほど緊張していて、学問の自由もないなか、私たち外国の学者も中国へは行く気になれない。自由に発言できないからだ。北京大学や清華大学に赴いて学術交流をしようという気にもなれない。

ハーバード大学の関係者として、私が真に脅威を感じている対象はどこか。果たして、どの大学がハーバードを超えうるのか。

答えは、スタンフォード大学だ。我々は本当に、スタンフォードに脅威を感じている。なぜなら、巨額のお金がスタンフォードに寄付されていて、全世界からあれほど多くの優秀な人材がスタンフォードで学びたいと思っているからだ。私たちが怖がっているのは、中国ではない。スタンフォードだ。ハーバードの上層部もそう考えている。

これからの20年、中国の大学は教育や学問の環境をよりリラックスさせて、政治から独立した、自由な運営を行わない限り、ハーバードを超えることは不可能であろう。それに、ハーバード大を卒業した中国人留学生も、政治の虜になった中国の大学などには戻りたくないだろう。清華大学に戻って教職を得ても、結局は毎日「習近平思想」を学ばされるようでは、帰りたくなくなって当然だ。

第４章

日中関係のゆくえ

第4章の概要

「中国研究と日本研究に同時に取り組んできた人間として、日中関係に関する発信は私の責務だと考えている」

ヴォーゲルがこう考える理由として、中国人は日本人の書く著作を信用せず、日本人は中国人の書いた著作を信用しない点が挙げられた。ヴォーゲルと日中関係に関する議論をしていると、戦争をした日本と中国にとって歴史的に和解することがいかに重要か、そしてその過程で、米国人学者である自分がなすべきことへの意気込みと責任感がひしひしと伝わってくる。

日中が和解するために、両国に厳しい注文もつける。日本人は、第二次世界大戦当時の歴史を知るように努力すべきであり、なぜ中国人があそこまで怒るのかを理解する必要がある。一方の中国人も〝抗日戦争〟だけが日中の歴史ではないのだから、より長い視点から日中の歴史的往来を理解する必要がある。そして、そういう過程で自分のような米国人学者が役割を果たすべきだと、主張する。

最近、奈良時代から現在に至る日中関係史を書き終えたヴォーゲルに昨今の日中関係がどう映るのかを聞いてみた。2018年、日中は平和友好条約締結40周年を迎えた。その節目となる年に李克強首相と安倍晋三首相の相互訪問が実現し、2019年は「関係が改善する可能性があるのではないか」。習近平国家主席が日本の大阪で開催されたG20サミットに出席するために訪日した以外にも、近いうちに中国の代表として単独で訪日するようなアジェンダが組めれば、日中関係を推し進める前向きなシグナルになると指摘する。

習近平の単独訪日は国賓待遇になるのだろうか。その際に、前任者である江沢民と胡錦濤がそれぞれ1998年と2008年に訪日した際に第三、第四の政治文書に署名したように、習近平も訪日時に第五の政治文書に署名をすることで、日中関係を発展させることができるのかどうかに注目していきたい。

近年の日中関係を整理するうえで、2012年9月に発生した尖閣諸島をめぐる「国有化事件」は特筆に値するし、ヴォーゲルともじっくり議論をした。

事件を簡単に振り返ってみる。石原慎太郎・東京都知事（当時）が4月にワシントンで東京都として尖閣諸島を購入しようとしているという構想を突如発表したことがきっかけとなり、日中政府間で落とし所を探る作業が行われた。結局、尖閣諸島およびその海域を安定的に管理するという見地から日本政府が同島を所有者から購入することが決定され、9月、当時与党だった民主党（現国民民主党）政権が「国有化」を閣議決定する。しかし、石原率いる東京都よりも日本政府による購入のほうがベターな選択だという立場を持っていたかに見えた中国政府は「国有化」後に激しく反発し、中国国内の100以上の都市で大規模な反日デモが勃発した。その後、日中間の経済交流、人文交流、そして国民感情も深刻な打撃を受け、日中関係は冷え込んだ。

日本政府による尖閣諸島の「国有化」に対して、中国政府はなぜあそこまで激しい反発と強硬的な対策を取ってきたのか。

私がヴォーゲルと詰めたい疑問であった。そこを明らかにすることで、日本が台頭する中国の意図や戦略をどう理解するか、日中がどのようにしてこれから安定的な関係を構築していくのかが見えてくると考えたからである。

「詳細については現在に至るまで不明だが」という前置きをして、ヴォーゲルは三つの理由・背景を提起した。

一つ目が、当時中国が経済総量で日本を超えていて、国家として傲慢になりつつあったこと。二つ目が、直前にロシアのウラジオストクで開催されたアジア太平洋経済協力会議（ＡＰＥＣ）で野田佳彦首相（１９５７〜）が胡錦濤国家主席と立ち話をした直後に「国有化」に踏み切ったことを含め、民主党の対応や処理がまずかったこと。三つ目が、胡錦濤政権から習近平政権への移行期にあった中国共産党が国内の思想や人民の感情を統一させるために、本件を愛国主義やナショナリズム高揚のきっかけとして利用する必要があったこと、である。

その後、２０１４年11月、北京で開催されたＡＰＥＣに際して安倍首相が訪中し習近平主席と非公式会談を行うなどして、日中関係は徐々に改善の方向へ向かったが、中国共産党は強硬的に反発したにもかかわらず、その後「一定の柔軟性も見せた」と指摘する。その一因として、中国が真のライバルである米国と日本の同盟関係を揺るがす戦略を見出す。日米のなかで弱い立場にある日本を経済的に取り込むことで、日本が対米一辺倒にならないようにしたいのだという。ただ、日米を完全に離してしまうことはできない。この点で、ヴォーゲルの以下の指摘は興味深い。

「愛国心に関しては、中国人よりも日本人のほうが断然強い。日本人の精神には、国のために犠牲になってもいい、という考え方がある。靖国神社も、そういう日本人の精神と関係している。中国人は、自分たちのその手の愛国心が日本人に遠く及ばないことを知っている。だからこそ、日米同盟がうまくいかないことを歓迎しつつも、日本が米国から自立することを懸念するのである」

日本にとって当面、重要になるのは、米国との同盟関係を維持し、深化させることであるという。米国人と日本人は率直で真摯な交流をすることができる間柄であり、「私は、日米同盟の将来に楽観的だ」。日米同盟を長期的に深化させるという枠組みのなかで、いかに中国と向き合うかという課題に対して、日本人はみずから答えを出す必要があると主張する。企業活動や青少年交流を含め、胸襟を開きながら切磋琢磨し、アジアという地域を盛り上げていきたいものである。

1000年余りの日中関係史を振り返って今

_Question

日中両国を長年研究されてきて、現在の両国関係をめぐる状況をどのようにご覧になっていますか。

中国研究と日本研究に同時に取り組んできた人間として、日中関係に関する発信は私の責務だと考えている。すでに日中関係史の新刊（*"China and Japan: Facing History"*）を書き終えたが、私のように日本と中国の両方と付き合ってきた米国人学者だからこそ、日中関係に関する発信をすべきだと考えている。

なぜなら、中国人は日本人の書く著作を信用せず、同様に、日本人は中国人の書いた著作を信用しないからだ。歴史問題に関して、日本人はもう少し第二次世界大戦当時の歴史を知るように努力すべきだと考える。そして中国人も、抗日戦争だけが日中の歴史ではなく、より長い視点から日中の歴史的往来を理解する必要がある。そういう過程で、やはり私のような人間が役割を果たすべきだと思うのである。

日中の歴史においては、密接な文化のつながりがあった。仏教、儒教を含めてだ。京都の町づくりや、万葉集、古事記、日本書紀といった古代の書物にまつわる文化も中国にならっており、そっくりだ。だから、中国の古い文化をしみじみわかっている日本人がたくさんいるのである。

日中間の戦争は、両国の歴史を理解するうえで避けては通れない出来事である。1895年までは、中国（当時は清）は覇者として君臨しており、日本は何者でもなかった。だから、1895年時点では、日本のほうが中国について細かい部分までよく知っていた一方、中国は日本のことを何も知らなかった。日本の軍隊は中国側の状況をよく分析し、十分に準備をした。細かいところまで知識があって、インテリも力を発揮した。地理に関する知識、中国人の民族性への分析など、いろんな調査をし、理解したうえで、日本は中国に戦争で勝った。

ただ、戦争が終わって、その後の50年で中国はものすごく日本の勉強をした。日露戦争のとき、約1万人の中国人が日本で勉強していた。1920年代、中国人は軍隊を含めて日本への理解を深めた。蔣介石（1887〜1975）や魯迅を含めて、日本理解に努めていた。1930年代、中国が日本のことをよく理解していた一つの要因が、日清戦争での敗北を経ての覚醒だったと思っている。

私が言いたいのは、中国人の対日理解という一点だけを見ても、時代は変わってきた、ということである。いまや、当時の満州、現在の東北地方には、日本の行動習慣や、日本人の考え方を理解する人たちが沢山いる。大連などはその典型だろう。上海にも日本・日本人のことを細部まで理解している人が数多くいる。中国と日本のパイプ役は沢山いると思う。米国にも戦前から宣教師として中国に赴いた人間がいたし、我々学者も中国のことを勉強してきた。それでも、商売や文化といった分野を含め、日本と中国の関係のほうが互いに深く近い次元で絡み合っているという感想を私は抱いている。

Q

古代においては長い間、日本は弱く、中国は強かったです。日清戦争を経て形勢が逆転し、その後第二次世界大戦を経て、中国では文化大革命を経験し、日本は高度経済成長時代を謳歌しました。中国の改革開放40年の歴史に日本は深くコミットし、2018年にはその象徴である政府開発援助（ODA）にピリオドが打たれました。その意味で、日中平和友好条約締結40周年であった2018年を節目に、日中が新しい時代に入っていくという主張も過言ではないように思います。先生から見ていかがですか。

振り返れば、2008年が一つの転換点だったと私は思っている。北京五輪もそうだが、金融危機を通じて中国が自信を深めたことも大きかった。それを受けて、2010年と2

012年、領土をめぐる問題で衝突した日中の関係は非常に悪かった。

2010年に、中国経済が日本を超えたことも大きかった。中国人の考え方に「やっと我々は強くなった」という気持ちは、かなりあっただろうと想像する。1895年からずっと日本が強かった。軍事力も経済もだ。1980年代、中国は日本から多くを学んできた。日本は経済の面で尊敬できた。我々は日本の弟子なのだ、という意識すらあった。しかし、2010年、2012年を経て「我々のほうが強い」という気持ちが中国人の気持ちのなかで芽生え始めたのだ。

中国は米国の同盟国である日本を取り込もうとするだろうが、日本が完全に米国から独り立ちしたら、中国も困ると思う。日本が独自で核を持ち、軍事力を発展させれば中国は困るだろう。ただ日米同盟に多少の波風が生じることは、中国にとって有利な条件となる。非常にデリケートな話で私も中国人と直接話すことは少ないけれども、そのように推察している。


仮に自分が、中国の政治家あるいは外交官だったとして、やはり完全に自立した日本は厄介だ、と考えるだろう。人々の間には、第二次世界大戦の記憶もまだ残っている。そして、中国人においては、日本を「軍国主義」と見なす考え方がいまだ根強い。実際に日本人には侍の精神がある。愛国心に関しては、中国人よりも日本人のほうが断然強い。日本人の精神には、国のために犠牲になってもいい、という考え方がある。靖国神社も、そういう日本人の精神と関係している。中国人は、自分たちのその手の愛国心が日本人に遠く及ばないことを知っている。だからこそ、日米同盟がうまくいかないことを歓迎しつつも、日本が米国から自立することを懸念するのである。

尖閣諸島「国有化」事件の爪痕

Question

近年は、日中間の首脳外交やハイレベルな対話が定期的に行われるようになり、日中関係も政治的安定と経済的繁栄、そして特に、訪日する中国人観光客の増加など、人的交流の活性化が見られます。日本は民主党政権でしたが、尖閣諸島沖で中国漁船が日本の海上保安庁の船に激突した2010年、そして日本政府が尖閣諸島を「国有化」した2012年、そして自民党が再び政権を奪還し、安倍首相が靖国神社に参拝した2013年頃までは、日中関係は非常に不安定で、悪化の一途をたどっている印象すら市場や世論に与えていました。先生は過去10年の日中関係をどのように振り返っていますか。

近年の日中関係の発展を振り返るとき、2012年9月に起こった尖閣諸島「国有化」事件は特筆されるべきだろう。日本政府が尖閣諸島の国有化を宣言したことに、中国政府が猛烈に反発し、中国国内でも大規模な反日デモが複数の都市で発生した。日中関係は悪化し、日本人と中国人の間の国民感情も壊れていった。その後、2014年11月、北京で行われたAPECにて安倍晋三首相と習近平主席が会談をし、日中関係はまた徐々に改善の兆しを見せていった。

会談にあたって両国政府間で締結した「4点合意」も一定の役割を果たした。

参考：4点合意

1、双方は、日中間の四つの基本文書の諸原則と精神を遵守し、日中の戦略的互恵関係を引き続き発展させていくことを確認した

2、双方は、歴史を直視し、未来に向かうという精神に従い、両国関係に影響する政治的困難を克服することで若干の認識の一致をみた

3、双方は、尖閣諸島等東シナ海の海域において近年緊張状態が生じていることについて異なる見解を有していると認識し、対話と協議を通じて、情勢の悪化を防ぐとともに、危機管理メカニズムを構築し、不測の事態の発生を回避することで意見の一致をみた

4、双方は、さまざまな多国間・二国間のチャンネルを活用して、政治・外交・安保対話を徐々に再開し、政治的相互信頼関係の構築に努めることにつき意見の一致をみた

とはいえ、日中間における草の根交流や国民同士の接触は、確実に増えている。201

7年にはのべ736万人、2018年にはのべ838万人の中国人観光客が日本を訪れるまでになった。2018年には李克強首相の訪日と安倍首相の訪中という相互訪問が実現し、2019年にはG20のため習近平主席が訪日した。日中関係・交流は困難な時期を経て再び正常な軌道に乗った感がある。

しかし、「国有化」事件が歴史的に残した教訓をきちんと受け止めることは、日本と中国が真に良好な関係を構築し、歴史的和解を実現するうえで重要だと考える。

Q

2010年の中国漁船衝突事件、2012年の「国有化」事件にも表れていますが、中国の反応や対応がなぜあそこまで激しいものになったのでしょうか。私から見て一つ重要な要因として、あの頃、北京五輪やリーマンショックを経て自信を漲らせ、経済の総量でも日本を抜いた中国はすでに「核心的利益」を公に主張し始めていました。中国が、みずから主張する主権や領土について、これまで以上に断固たる妥協を許さない姿勢で挑んでいるように見えました。

詳細については現在に至るまで不明だが、議論を進める意味はあるだろう。

第一に、当時、中国経済の総量はすでに日本を超えていて、国家として傲慢になりつつあった。この国力の増強に伴う傲慢さが、背景にあったと考えられる。第二に、日本の民主党（当時）の対応や処理がまずかったことも、一つの原因であろう。ロシアのウラジオストクで行われたＡＰＥＣ会議で野田佳彦首相と胡錦濤国家主席が立ち話をしたが、その直後に日本政府は「国有化」に踏み切った。タイミングも悪かったし、対応にちぐはぐさが見られた。

次に、中国が国内の思想や人民の感情を統一させるために、この一件を愛国主義やナショナリズム高揚のきっかけとして利用する必要があった。その過程で、日本を仮想敵国に仕立て上げる必要があった点も、軽視できない。

第二次世界大戦中、毛沢東は日本を利用して中国を統一した。毛沢東にとって重要な戦略であった。１９９２年と１９９４年、江沢民は思想やイデオロギーを統一するために愛国教育を強化した。そして、２０１０年と２０１２年である。後者の頃、習近平はまだ総書記に就任していなかったが、新しい政権を迎えるにあたり国内の思想やイデオロギーを統一させておく必要があった。このため日本を「仮想敵国」に仕立て上げ、強硬的に対応した、そのための政治的あるいは政権的需要があったのかもしれない。

いずれにせよ、中国がなぜ「国有化」に対してあそこまで強烈な反発を見せたのかという問いに対し、経済力、民主党、愛国主義という三つの原因を私は見出している。ただ、中国政府の反応や対応における極端さは普通ではなく、非常なまでの極端さであった。中国がなぜあれほど極端なまでに、日本政府の「国有化」に反応したのかわからない部分はいまだに残っている。

一方で、中国共産党は対日政策において一定の柔軟性も見せた。2012年下半期、日本に対してあのような極端な反応を示した後、中国側もこのままでは事態がエスカレートし、危険水域に入ってしまうという認識に至ったのだろう。徐々に日中関係の安定性に注意するようになった。領土問題における対日政策においても、日中関係の安定化を前提に策定されるようになったと感じる。それから今日までにおける中国の対日政策は二つの段階を経たように思われる。

第一段階で対日関係を安定化させ、第二段階で対日関係を改善、促進するというものである。ただ改善させるといってもあからさまな改善とまではいかない。ただ少なくともあからさまな悪化は避ける、そのなかで、一定の安定性とバランスを確保する、という戦略である。私が中国の指導者であってもそうするだろう。

また、この間、中国が日本と米国の同盟関係にヒビを入れようとしている意図も見て取れる。日米両国のなかで弱い立場にある日本を経済的に取り込むことで、日本が対米一辺倒にならないように、中国に比較的に有利なパワーバランスを作ろうという考えや動きが例として挙げられる。

もちろん、日米を完全に離してしまうことはできない。仮に日米が同盟関係を維持しなくなれば、日本は真の「独立国」になるわけで、中国は日本の軍国主義が復活する局面を恐れている。それよりも米国と同盟関係を保持してもらいつつ、その枠組みのなかで可能な限りヒビを入れることで、中国の国益を最大化するという方策を取っているように見える。仮に私が中国の指導者であっても、同じような戦術を取るに違いない。

日中にヒビを入れる？米国陰謀論の実際

Question

日米中関係は、かつてないほど複雑化した様相を呈しています。アジア太平洋地域における最重要課題の一つが、戦後確固たる連携と発展を見せてきた日米同盟がいかにして中国の急速かつ不透明な台頭に対応し、同地域の安定と繁栄を保障するかだと私は認識しています。一方で先生がご指摘されるように、中国はそんな日米にヒビを入れようとしている。日本には「米中接近」、すなわち「ジャパン・パッシング」に過剰反応する傾向も見て取れます。日中双方をそれぞれ、そして同時に見てこられた米国の学者として、先生は日米中三国関係の現状と今後をどう見ておられますか。

中国人には、日中関係がうまくいかない根本的原因は米国にある、という疑念が根深くある。米国が裏で、アジアの大国である日中両国の関係がうまくいきすぎ、近づかないように手を引いている、という陰謀論を、中国人は持っている。このため、日本を取り込み、米国をアジアから追い出すことが、中国の国益にとってもこの地域の平和にとっても、最良であるという考えを持っているようだ。

中国の指導者や外交部の報道官がこのような考えを公にすることはないが、内心はそう考えているように思える。米中間で貿易戦争が勃発した2018年、中国が李克強訪日と安倍訪中を積極的に実現した背景にも、日本を〝取り込もう〟という発想があったように思える。

中国は経済的に発展するなかで、それに依拠する形で総合的な国力や国際的影響力を向上させている。一方で、世界は日増しに複雑化し、そのゆくえは不透明である。このような状況下で、中国は軍事力をどのように使うのだろうか。とりわけ米国との関係においてである。中国は、戦争を回避したい、特に米国とは戦いたくない、と考えている、と私は分析している。今だけではない。将来的に経済力、そして軍事力で米国を凌駕したとしても、中国は「戦争をしたくない」という考えを持って、国際社会と付き合おうとするだろう。なぜなら、見込まれる効果が限定的かつ懐疑的だからである。

軍事的手段で物事を解決したくないという心境の下、中国は政治的手段を使う。まさに前述した「取り込み策」である。

そして、この策略において、日本は中国にとって非常に重要である。世界第三の経済大国であり、アジア太平洋地域における米国最大の同盟国である。中国としてはその対外工作のなかで、ぜひとも日本を取り込んでおきたい。

日本は、そんな中国とどう向き合うか。日本が中国と長期的に良好な関係を築き、かつその過程で自国の国益を最大化させようとするのであれば、今の時点から真剣かつ綿密に考えておかなければならない問題である。

仮に私が日本の指導者であったならば、中国との協力関係は構築できると考えるし、協力関係を積極的に推進しようとするだろう。しかし同時に、中国の〝取り込み戦略〟はリスクでもある。習近平政権の対外政策にも表れているが、中国の長期的目標や戦略的意図には、いまだに不透明な部分も多い。

中国の台頭は、日本が身を置くアジア太平洋地域における不確定要素であるという前提は、今後しばらく変わらないであろう。だからこそ、米国との同盟関係が、日本の国益にとっては重要になる。仮にそれがなければ、あるいは今後の展開次第で瓦解していくような事態になれば、日本は対中関係においてトラブルに見舞われるだろう。

多くの中国人も、この日本と中国の関係性の問題、そして日中関係のなかで自国がどう振る舞うかという問題を、長期的視点から真剣に考えたことはなかっただろう。

特に、トランプという人間の存在と言動は、大問題だ。

私自身は、日中関係のあり方、およびその米国への影響を、考え続けてきた。私の考えでは、米国ペンタゴン（国防総省）は日米同盟を引き続き維持し、米国の軍隊を日本に駐留させることで対アジア太平洋戦略を組み立てたいと考えている。その過程で、日本にも経費などを含む一定のサポートを仰ぎたいと願っている。

世界地図を広げてみると、現在、米国と敵対関係、少なくともライバル関係を形成しているのはもちろん中国である。この状況が続く限り、米国が日本との同盟関係を保持していくべきであるのは当然だ。

日本と米国は第二次世界大戦期間中は敵同士であったが、戦後、米国人は日本人と一緒に働くことを心地よいと感じるようになった。日本人は信頼できるという経験則を蓄積していった。１９８０年代後期には、経済や貿易の分野で摩擦もあった。しかし、生産拠点を米国に移した日本企業は、ルールを重んじた。米国社会と真剣に付き合い、そこに適応・参加すべく汗を流した。日本人は米国の自由や民主主義に敬意を表し、学び、自国でもそれらを実践しようとした。

一見内気に見える日本人であるが、みずからの考えを率直に、正直に表現する性格を擁しているというのが、長年彼らと付き合ってきた私の感想である。だからこそ、米国人と日本人は率直で真摯な交流をすることができる。米国人は、日本人を信用している。したがって、私は日米同盟の将来に楽観的である。

日米は引き続き同盟関係を保持し、深化させながら、相互に必要とし、共同作業で激変する世界、特にアジアと向き合っていくだろう。日本にとっての課題は、そういうなかで、中国とどう付き合うか、である。この問題に真剣に向き合い、議論し、日本人なりの答えを出すことなしに、日本が中国と真の意味で和解することは考えられない。米国人として、私自身は、日本と中国が安定的な関係を構築し、日本人と中国人が和解できることを願っている。

日中和解のために学者に何ができるか

Question

日米中関係の戦略的重要性はさておき、やはりアジアの大国であり、過去に戦争をしたことのある日本と中国がいかにして歴史認識という問題あるいはジレンマを乗り越えて歴史的に和解するかは一つの問題でしょう。表面的な和解ではなく、仮に真の和解のようなものがあり、それを実現していくとしたら、日中両国、そして、米国には何が求められるとお考えですか。

私は日本と中国のことを研究してきた、米国の学者である。日中が和解をするために私自身も何らかの役割を果たすべきだ、と考えている。

私は以前、学者が一度に集結して会議を開き、一緒に問題を議論し発信することで大きな影響力を生み出せると考えていた。実際に、私は中国・北京大学の袁明教授と日本・東京大学の田中明彦教授（当時）と一緒に数回会議を開き、冊子も編集し出版した。その目的は、まさに日米中3カ国の相互理解を促進するためであった。

しかしながら、今振り返ってみれば、それらは成功したとは言えなかった。開いた会議、出した冊子は納得のいくものだったけれども、影響力は大きくなかった。

歴史問題に関して、日本の中学生や高校生が、第二次世界大戦期間中の歴史をより詳細に学ぶべきだという提言もしたことがある。だが、中国側の指導者や政府に、ただちに歴史問題に関する態度や政策の変更を迫るのは、現実的ではない。そこには、時間やプロセスを要する。中国人の対日観を健全化するうえで有効なのは、最近あれだけ多くの中国人観光客が日本を訪れ、生身の経験を通じて日本人や日本社会は素晴らしいと感じていることである。彼らは見聞きした感覚や写真、動画等を持って帰り、友人とシェアしたり、ソーシャルメディアでアップロードしたりする。このプロセスは、大きな影響力を発揮するように思われる。

また、私は中国の指導者に日本を理解してほしいと願うのと同時に、すでに日本を熟知している中国人を、政治の舞台で活用してほしいと思っている。中国の指導者は、これまで真に日本を理解する中国人を上手に活用してこなかった。

たとえば、孔鉉佑現駐日大使（1959〜）の前任者である程永華（1954〜）は大使としての任を2019年5月まで9年余にわたって務め、日本への留学経験や複数の在日大使館勤務経験があるため日本語が堪能で、日本のことを非常によく理解しているが、彼の北京における地位や影響力は限定的だ。かつて日中国交正常化交渉の通訳を担い、中国に

図4-1｜中国共産党内の序列図

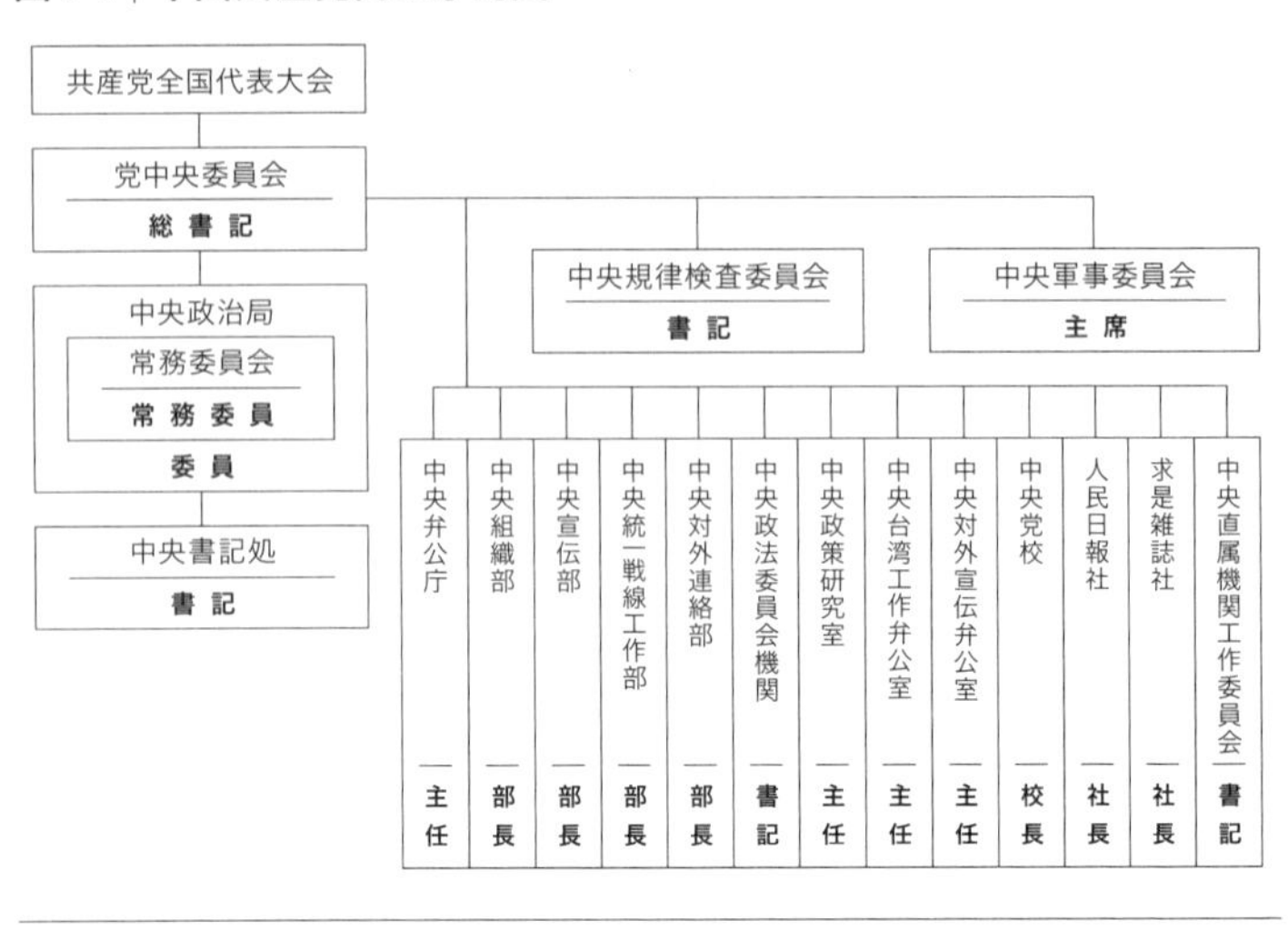

おける対日外交専門家の育成にもあたった廖承志（1908～1983）のような、中央での影響力は見出せない。

この文脈で想起されるのが、かつて上海の復旦大学で国際政治を教えていた王滬寧（政治局常務委員。1955～）である。彼は聡明で、語っていることにも一定の道理がある。ただ彼は政治学者であり、米国の専門家ではない。したがって、彼は米国を最も理解した学者出身の政治家ではなく、中国が昨今、米国との関係を処理するうえにおいても、王の知識や経験がポジティブなインパクトを生むとは考えづらいのである。

私自身は、王滬寧のように政治局常務

委員とまではいかなくとも、中国共産党の中枢でトップ25にあたる政治局委員として、日本や米国を真に深く理解している人間を配置すべきであると考える（図4－1）。ここでもやはり例に挙げられるのが、楊潔篪（1950～）である。彼は外相、国務委員を経て2017年秋に行われた第19期の党全国代表大会で政治局委員にまで昇進した。彼は米国をとてもよく理解しており、同時に政治的に従順であるから、習近平ら最高指導者にとっては使いやすく、頼りがいもある人材に映るのだろう。

日本は歴史を学び直すべきだ

Question

日本と中国がいかにして和解するかという問題を具体的に考えてみたいのですが、両国が和解するために、先生から見て何が糸口あるいは突破口になるでしょうか。やはり歴史認識の問題は避けては通れないとお考えですか。

まず、私は、日本人は自分たちが第二次世界大戦期間において、たしかに悪いことをしたと自覚している、と信じている。しかし、一般の日本人は詳細に関しては知らないことが多く、仮に中国人が当時の盧溝橋事件や南京で起きた具体的な事件について問うてくれば、大部分の日本人はそれを知らないだろうし、答えられないだろう。

私の知る限り、日本人はみな義務教育を通じて歴史を学んでいて、基本的な背景について一定の知識を持っている。一般の国民が歴史学者になることは不可能であるし、私のような東アジアを専門にする学者や中国人にも、それを要求する資格はない。多くを要求しすぎることは、かえって反発を生むことにもつながる。

ただ、日本人は全体的に、当時の歴史に対する意識や知識を、もう少し持ってもいいのではないか、というのが私の基本的意見である。そして、日本の一般国民は、中国人がなぜあそこまで歴史を重視し、歴史にこだわるのかという問題を知り、考える必要があるように思うのである。

特に、盧溝橋、南京、満州などで起こった事件に関して、中国人は特に敏感である。これらの具体例や歴史的な事件に関して、日本の中高、大学はそのカリキュラムを通じて、もう少し詳細で具体的な歴史学習の機会を与えてもいいのではないだろうか。

学者に関して言えば、日本の学者たちは第二次世界大戦の歴史に対して深く理解しており、彼らの研究や著作は非常に詳細に深い次元で行われている。いつ、どこで、何が、どのように起こり、事態がどう発展し、どのような禍根を残したのか、といった点が、細々と綴られている。日本の歴史認識における問題は、学者の研究や著作の不足にあるのではない。問題は、一般の日本人がもう少し知識や姿勢を改め、そのための土壌を教育関係者らが提供すべきという部分にある。

私は日中関係史の著作を書きながら、意識的に石橋湛山（1884〜1973）に言及した。彼が首相を務めたからではなく、私から見て、彼は当時日本が置かれた状況を中国との関係を含めて全面的に理解したうえで、「日本は中国と戦うべきではない」という主張を展開していたからだ。石橋は長期的視点に立って日本の国益を考え行動していた。当時、日本にも良い政治家がいたということであるが、石橋のような視野で物事を考えていた人間は少なかったように思える。

東洋経済新報社の出身でもある石橋は当時、「小日本主義」を提唱していた。日本人は身の丈に合った国益を追求すべきだ、という考えに立脚していたのだ。実際に、当時の日本に石橋と同じような価値観や精神を有する者もいたが、石橋ほど全面的に中国との関係を考えていた人間は、政治家や知識人を含めて少なかったようである。今日の日本の政治家に関して言えば、国会の議論などは往々にして狭隘（きょうあい）な境地に陥り、議員たちも一つの特定の問題や小さな事件をめぐって延々と議論を行う傾向が強く、大局観に欠けると感じられてしまう。

Q

日本人も、特に政治家や官僚、企業家や学者を含め、大局観を持つことの重要性は認識していると思います。日本が将来を切り開くために大きな視野や思想を持つことの必要性も認識していると思います。ただし、そんな大局観とは一体何なのか、それを持つために、具体的にどのような訓練が必要なのかという点に、現実の問題が横たわっている気がします。先生は、日本人と大局観というテーマをどのように分析されていますか。

中国の政治家や高級官僚にも言える点だが、日本の政治家や外交官は、物事を全面的に考慮する術を学ぶべきだ。

「全面的」とは、どういう意味か。たとえば、外交官は日々の仕事のなかで、相手がいる。みずからと生い立ちや価値観が異なるカウンターパートと、対話をしていかなければならないのが外交官である。

そんな外交官は、相手国家の社会状況を、その思想的背景にまでさかのぼって理解する必要がある。相手が話している言葉を聞き取り、表面的なキャッチボールをするだけではなく、相手が実際に心のなかで何を考えているのか、なぜそういう考えに至ったのかという部分まで理解し、そのために研究を惜しまない素養を身につけるべきなのである。

日本の外交官と中国の外交官が、互いに付き合うのであれば、自分のカウンターパートが本国の組織やシステムのなかでどのように選抜され、昇進し、その過程でどのような問題や困惑にぶつかるのか、を知らなければならない。相手が何を恐れて、どういうときに安心するのか、上司との関係はどうか、頭のなかでいつも何を考えているのか、といった部分まで理解する必要がある。

そうして初めて、外交官としての「全面性」を育むことが可能になる。その手腕を持つ外交官が展開する相互対話こそが、「外交」である。そして、職業外交官だけでなく、外交に関与する政治家も同様の素養を身につける必要がある。私はこの点において、日本の政治家には総じて外交的素養が欠けているように感じている。

日本の新聞社やテレビ局の報道を見ていると、中国に対して比較的統一された見方が存在するようである。だが、表象の背後にある要素、たとえば中国の人々がそれをどう考えているのかといった部分にまで踏み込み理解したうえで、発信しているようには思えない場合が多い。まずは互いに対する理解を深めてから報道することで、初めて〝全面的〟な対中報道が可能になり、国民の対中理解が深まるのだろう。

もちろん、同様の問題は日本の知識人や外交官以外にも言えることだ。米国において以前の外交官、そして学者は「全面的」なパフォーマンスができていたと振り返っているが、今の外交官にそれができているかは懐疑的である。日本の政治家に関しても、彼らは中国に対する政策や対策をどうすべきかを知っているが、それを履行する過程でどれだけ相手国に対する深い理解があるかに、私は疑問を抱いている。

中国でビジネスをやってきた日本の企業家は、中国の実情や社会現象・問題の背後にある要素などを深く理解しているように見える。たとえば、地方政府、社会、人民との関係もそのうえで処理しているようである。日本においては企業家のほうが政治家、外交官、記者よりも中国の実情を理解し、中国での活動においても言語を習得し、情報を網羅し、実情により良く適応できているような印象を受ける。

Question

中国人も、日本をもっと知るべきだ

言うまでもなく、日中和解は両国双方の問題であり、どちらか一方の努力や責任で、物事が解決することはあり得ません。先生から日本側が行うべき努力や行動に関するご指摘がありましたが、中国側が変わるべきところ、取り組むべきところはないですか。私自身これまで中国と付き合ってきて切実に思うのは、官民含め、中国の人々には「日中関係に問題があるのは、日本人が歴史を反省していないからだ」と頭ごなしにとらえ、みずからの問題点にはまったく目を向けようとしない傾向があるようです。

日中関係を改善するためには無論、日本側の努力だけでなく、中国側からの努力や行動も連動していかなければならない。2カ国間関係が、どちらか一方の努力や行動によってのみ改善することはあり得ないからである。

まず私が思う中国側にできる努力は、抗日映画の製作や放映を減らすことである。あれらの映画やドラマによって、中国人民は日本に対して相当な偏見を持ってしまい、日本人のことを「日本鬼子（日本人の蔑称）」などと呼ぶようになってしまう。

中国人は、日本人の本当の姿を知るべきだ。

たとえば、日本の家庭はどんな具合なのか。家族はどう形成され、人々は公共の空間で互いにどう接しているのか。そのうえで、社会秩序がどう形成されているのかといった点である。私は日本で学び生活している中国人留学生たちが、日本社会や国民に対してどれだけ深くて客観的な理解を持っているのかに興味がある。

日本社会がなぜこれほど安定して、そのなかで人々が何を考えているのか、日本の家庭内生活はどうなのか、企業における経営者と従業員の関係は、なぜ安定しているのか、などの実態は理解していないだろうし、理解する術や機会も少ないであろう。

中国人は、日本に学ぶ姿勢を持つべきである。現在の中国人は、日本に対する偏見が多すぎる。中国人の側も、日本の外交官や政治家に対する理解を通じて、日本を知ることがあってもいい。1950～60年代、中国共産党は日本社会党、共産党を通じて、日本社会への理解を深めていった。ただ自民党に対する理解には、欠陥と偏見が多いようだ。

中国共産党の最高指導者、および党上層部の政治家や高級官僚には、自分たちとは異なる人間が異なる意見を述べることを恐れる傾向がある。ただ経済、外交などを含め、一つの問題をめぐって党内外で、場合によっては中国に批判的な外国人の意見を含め、あらゆる考え方をぶつけ合わせ、何でも議論ができるという政策議論・決定の環境を作ることが中国共産党には求められていると思う。

私たち学者にとってみれば、開放的で多元的な議論に参加し、推進するプロセスこそが愛国主義の体現にもつながる。残念ながら、中国にそのような文化はないようだ。習近平政権になって、ますます批判的な意見や開放的な議論ができなくなってきている。日本にはそのような文化があるが、米国ほど寛容的ではないようだ。私の息子が日本の高校に通っているとき、周囲と異なる考えを発表してしばしば排斥されたと嘆いていたのを覚えている。

中国は巨大な国家だけに、実際には異なる価値観を持つ人間がたくさんいる。指導者は、人民が団結しない事態を恐れているのだろう。それが混乱をもたらすことをも恐れているから、異なる意見を抑圧するのである。

中国共産党は「ゴルバチョフ現象」（第1章参照）を警戒しすぎているように見える。その結果、政治的環境にあまりにも多くの規制や不自由をもたらしてしまっている。

今よりも緩和することで、本当に「ゴルバチョフ現象」が起きてしまうのか――私は懐疑的である。

何も一気に自由化する必要はない。

ただ一歩一歩でも社会全体に自由を注入していかないと、中国は前進していかないであろう。絶対的安定を確保するために引き締めがいきすぎれば、将来的に何らかの急激な反動が起こり爆発してしまうリスクもある。

そして、これらの状況は、日本と中国が健全なコミュニケーションや相互理解を通じて和解するうえで、疑いなく不利に働く。中国社会が政治的に緊張し、引き締めが強化され、知識人が自由に発言できない状況下で、日中が健全な和解を実現することはあり得ないのである。

中国企業が日本企業から学ぶべきこと

Question

先生の著書『ジャパン・アズ・ナンバーワン』は、中国でも広く読まれてきました。1980年代にすでに中国語に翻訳され、最近になってまた新たな翻訳版が中国大陸で出版されています。中国企業の間でも、一定の議論を呼んだようです。みずからのブランドや技術の習得に邁進する中国企業が、米国人学者であるヴォーゲル先生が1970年代後半に出された日本に関する著書から何かを学ぼうとしているというのは、時空を超えた一種のシンクロを感じさせます。先生から見て、中国企業は日本企業から何をどのように学ぶべきですか。両者の間に、相互に学べる何かが存在するでしょうか。

私が中国を訪れた際に、一部企業がみずからのことを「日本式経営」と主張していたことに気がついた。その内容の一部は、私の研究や書籍を参考にしたのかもしれない。中国大陸での出版と言えば、1963年に出版した『日本の新中産階級』がそれから50年以上が経った後に中国で出版され（2017年5月、上海訳文出版社）、注目と議論を引き起こした現象には、私も驚いたし予想していなかった。

私は『ジャパン・アズ・ナンバーワン』を書く過程で、日本企業の動向や特徴を研究した。日本の企業文化や組織構造が、日本経済の発展に大いに貢献した背景を、そこから見出した。昨今の中国も当時、日本がモノづくりを重視したように、製造業の振興を目論んでいる。

Q
習近平政権になって中国共産党指導部が掲げる「中国製造2025」という国家戦略はその表れでしょう。李克強首相も、中国企業が日本の〝職人精神〟に学び、その品質やブランド力を向上させる重要性を随所で示唆しています。

中国には品質管理、知的財産権、ブランド、技術力など、当時の日本と比べても、まだ未熟な点や面がある。当時の日本と今日の中国を比べる分析や研究もあるようだが、中国は焦る必要はなく、一歩一歩前に進んでいけばいいと私は考えている。振り返ってみると、30年前、韓国の現代やLG、それどころかサムスンでさえ、知っている人はいなかった。ただ現在となっては世界中の消費者が韓国ブランドを知っていて、その多くが実際に使用している。

翻って1950年代、私たち米国人はトヨタ自動車や日産自動車を知らなかった。その後1970年代、80年代になって初めてそれらの企業や商品が素晴らしいことを知ったのである。日本と韓国の企業もこのようなプロセスを歩んできたのであるから、中国も同様であると私は考える。

私が特に印象深く覚えているのは、パナソニックが「ナショナル」という商標を取っていた経緯である。ソニーの盛田昭夫会長は当初「ＳＯＮＹ」と命名をする際に、可能な限り日本っぽく感じさせず、外国人にもわかりやすくて受け入れられる名称を構想していた。日本企業が、影響力とブランド力を持った多国籍企業にのし上がるための難しさと苦労を、そこからうかがい知ることができる。中国企業にとってもそれは同じだと思う。

中国企業に関して言えば、ハイアールといった企業には成長力があるだろう。いくつの企業に将来的な潜在成長性があるかは現段階で定かではないが、おそらく10年以内に2～3社くらいは、その品質やブランドが世界規模で認知され、尊重されるようになっているのではないか。現段階では、中国企業とその商品や品質は、日本のそれに及ばない。これからの10年で、どのような展開を見せるか。私は中国企業の動向に注目している。それは中国経済の持続可能な発展に、質的な影響を与えるだろう。

また、私が好奇心を持っているのは、中国における日本企業がどのような経営をしているか、という点である。日本と同様に、自社の従業員を扱っているのだろうか。

1980～90年代、私は中国で複数の日本企業家と出会った。彼らが、従業員との間に密接な関係を構築しようとする姿勢が印象に残った。日本の経営者たちは、中国人従業員の住居にまで関心を持ち、世話をしていた。前者は後者に比較的長期の目標を設定し、目標と作業を連携させていた。このようなマネジメントも、日本企業独自のスタイルだと思う。対する中国企業の人間味は足りないようである。

一方で、中国人民は日本を罵る(ののし)。第二次世界大戦期間中の抗日ドラマを見すぎたのだろう。ただ同時に、彼らは日本企業のやり方を素晴らしいとも考えている。私の手元には関連する統計がないが、中国において日本企業の離職率は中国企業のそれよりも低いのではないか。多くの人々が日本企業で長期的に働きたいと考えているようだ。

とはいえ、多くの中国人は自分個人の前途について考えているために、みずから進んで走り回るという傾向も見て取れる。中国における大企業志向は日本よりもはるかに低く、逆に起業率は高いようである。

私もいくつかの調査結果を見たことがあるが、日本の大企業において多くの従業員は仕事環境に対して不満を持っている。ただこれらの不満は、中国人の中国企業への不満とは完全に異なる。日本人も、自社に欠陥や問題があることはわかっているし、将来に対してもそこまで楽観的ではない。しかし、中国人のスタンダードからすれば、日本人はやはり現状に対して満足しており、将来に対して楽観的であるように、私には映るのである。

中国の「新中産階級」

Question

先生は1963年という早い時期に、著書『日本の新中産階級』を出版され、日本のサラリーマン族や、家庭や社会構造といったテーマについて、現地での調査研究を通じて論じられています。興味深いことに、同書が2017年に中国大陸で出版され、私の周りでも多くの中国人が本書を読み、日本の1960年代における「新中産階級」にみずからを照らし合わせ、急速かつ不透明に発展する中国の中産階級に思いを馳せているようです。仮に中国に「新中産階級」なるものがあるとして、先生はどのような印象を持たれていますか。

もちろん日本の「新中産階級」を書いた著者として、中国についても中産階級がどうなっているのかに興味を持ってきた。

日本の中産階級は今となっては安定していて、現状にある程度納得しているようである。細かい不満や不安はあっても、それによって現状から逃げたい、日本から離れたいという具合にはならないようだ。

中国の中産階級は現状に満足しておらず、できることなら祖国を離れ、外国へ移住したいと考えているという議論がある。私たちが知っている中国人はその多くが外国人に近いグループであり、したがって、彼らが中国の中産階級全体を代表することはできない。安易に判断や結論を出すべきではない。

私の見方によれば、彼らの多くは外国へは行きたがらず、中国国内に残りたいと思っている。繰り返すが、我々が普段交流している中国人は日頃から外国人と交流があるから、外国へ行きたいと思うのである。ただ多くの中国の中産階級は、みずからの根っこは中国にあると考えている。家族も友人も中国にいる。だから中国から離れたくない、と考える。

『ジャパン・アズ・ナンバーワン』出版後、特に日本のバブル経済が崩壊した後、多くの関係者、特に日本の記者たちが私に対して「あなたの分析は間違いだ。日本はダメになった」と言ってきた。

そういう批判に対する私の答えは、「日本の経済は当時ほどの成長性はないが、社会の状態やインフラなど――たとえば公平性を考慮した医療システムなど、総じて素晴らしい」というものである。日本社会は長期的に安定した社会であり、貧富の格差も比較的小さい。米国企業の経営者と従業員の間には100倍ほどの収入格差があるのが一般的だが、日本ではあり得ないであろう。

また日本の指導者や政治家は、「平等」という要素をより多く考慮し、重んじているように見える。企業においても経営陣は、労働者の仕事と環境や給与体系などを考慮し、世話をする必要があることを当たり前だと考えている。

これは日本社会が長期的に安定し、貧富の格差がなるべく広がらないよう保ってきた背景なのだろう。それと比較して、中国では個人主義が突出しているように見受けられる。人々は社会全体や平等性をあまり考えない。米国の一部企業家のように、ただお金を稼ぐことを奨励し、企業の経営陣は労働者の事情や悩みに思いを馳せない。社会の安定性という観点からすれば、私はやはり日本のパフォーマンスが優れていると思うのである。

そのような日本の経済社会を、中国人はどう見ているのか、私は関心を持っている。たとえば、中国から日本にやってきた観光客は、日本は素晴らしいと感じている。社会は安定していて、人々も決して悪くない、と感じるだろう。人と人との関係が調和的だ、と感じて本国へと帰っていく。もちろん、これらの感想は、私たち米国人が日本社会に対してずっと感じてきた印象や考えと重なるものである。日本を訪れた中国人は、日本社会の多くの側面が中国社会よりも優れていることを知るようになる。

第５章

米中関係のゆくえ

第5章の概要

1968年、リチャード・ニクソンが米大統領に当選して間もなく、ヴォーゲルはハーバード大学で中国問題を研究していた約10名の同僚とともに、それまで温めてきた議論や見解を行動に移す。同大統領の下で安全保障補佐官を担当することになるヘンリー・キッシンジャー博士（1923〜）をはじめホワイトハウスとの人脈を駆使し、今こそ米国は台湾と断交し、中国と国交を正常化するべきだという〝手紙〟をニクソン宛に書くのである。執筆者はヴォーゲルだった。

ただ、ヴォーゲルが初めて中国大陸の地を踏んだのは1973年のこと。日本への2年間の留学を経て、1961年にハーバードへ帰って以降、中国語や中国を学んできたとはいうものの、中国に行ったことはなく、しかも本人が言うように、《人民日報》など党機関紙しか読めないなかで、腐心しながら中国問題を研究し、かつニクソン新政権に米中国交正常化を提言したのである。

ヴォーゲルが実際に、ハーバードのキャンパス内で同僚たちとどのような議論をしたのか、具体的にどのような提言をしたのか、については本文に譲る。ただ、ヴォーゲルらの根底にあったのは、これからますます巨人化し、重要になるであろう中国と、米国が外交関係を持たないのは「不適切」だ、という判断だったようだ。興味深いのは、中国が文化大革命の真っ只中にあった当時、ヴォーゲルらは朝鮮戦争、国共内戦などから中国人民解放軍の実力やパフォーマンスを理解し、そのうえで「中国の軍事力は将来的に必ず強大になる。中国がまだ貧しく弱い段階で国交正常化するほうが、米国にとって有利に働く」という考え方を根底に持ってニクソン、キッシンジャーに提言した点である。

結果的に、米中が外交関係を樹立するまでそれから10年を要する。ヴォーゲルは、自分たちよりもホワイトハウスに影響力を持っていた人間がワシントンなどにいたと言い、「手紙」がニクソンの決断や行動に果たした影響力についても、謙遜の姿勢を崩さない。中国に行きやすくなる、中国語の資料にアクセスしやすくなる、中国人学生をハーバードに受け入れる、米中間で知的交流ができるようになる、といったことは中国研究にとって重要であり、それも「我々ハーバードの学者が、中国との国交正常化を促そうとした個人的動機としてあった」。

本書のサブタイトルにもあるように、不安定かつ持続的な「衝突」が予想される米中に日本がどう対するべきかという世紀のテーマを考えるうえで、そもそも米中間で最大の問題とは何なのかに関するヴォーゲルの見方をしっかり聞いておきたかった。

答えは比較的明確で、世界政治における主導権争いと台湾問題の二つが返ってきた。米中はともに世界が動いていく、世界を動かしていくうえでの発言権や決定権という意味で覇権的地位を渇望し、追求しようとしていく。米中は本質的には競争の関係であるという。そんななか、最も懸念すべきは戦争であり、米中が、台湾問題が引き金となって戦争に向かう可能性は否定できないという。

「1930年代、日本が米国と戦う事態はまったく考えられなかったけれども戦争に突入した」「冷戦時代のソ連と米国は核の恐ろしさを理解していたが、トランプの行動は正直読めない」と直近の米中関係とそのゆくえを心配する。同時に、米国がイラクやシリアで軍事的失敗を犯したことを繰り返し強く指摘するヴォーゲルは、中国が南シナ海で米国と同じ過ちを犯すべきでない、と警鐘を鳴らす。また、米国はもはや「世界の警察官」としての地位を維持することは難しく、パクス・アメリカーナの時代も終焉を迎えるであろうが、中国が米国に代わって、その地位に君臨することにも疑問を呈する。

『ジャパン・アズ・ナンバーワン』の著者であるヴォーゲルが、貿易戦争に突入している中国が、いかにして1980年代の日本から学ぶべきかを総括している点も、我々にとって興味深い。日本企業が生産工場を米国に移して、米国現地で地位や影響力を築いたこと、当時の米国政府も日本に不満を持っていたが、日本が取っていた政策や措置は合法的なものであったことを挙げ、中国企業もそれに学ぶべきだと主張する。また、中国がいかにして公平に米国企業を扱うか、傲慢にならずに引き続き外資に親切な政策を取るか、という点においても、当時の日本の状況から教訓を汲み取ることが可能だと指摘する。

貿易戦争が過熱すれば、それが引き金となって台湾問題に火がつくかもしれない。昨今のトランプ政権によって、台湾問題が米国の対中政策における取引のカードとして使われる事態を、ヴォーゲルは懸念する。一方で、習近平は台湾問題で武力を使用することに慎重になり、「孫子の兵法」で問題解決するだろう、と先行きを読む。ここでも10年かけて行った鄧小平研究が生きる。鄧小平は、中国と台湾の制度が年を追うごとに接近していき、その後、徐々に統一に向け機が熟していくプロセスを想定していた、と指摘する。台湾は民主化したが、中国はますます専制的になり、鄧小平の考えは非現実的になってしまったと肩を落とす。

ヴォーゲルはハーバードで多くの「太子党」とも付き合ってきた。中国国内で一定以上の政治的背景・地位を持ったうえで、米国で学んだ特権階級が中国の改革開放や民主化プロセスで独自の役割を果たすことが期待される。米国では〝愛国的〟に振る舞い、帰国後は共産党の方針や気運に束縛されてしまう傾向にあり、なかなか難しいのではと思われるが、ヴォーゲルは幾分楽観的かつ前向きにとらえているようだ。

ニクソン大統領へ二度送った提言書

Question

今年、国交正常化から40周年を迎えた米国と中国ですが、実際はそれよりも約10年前から「米中接近」への模索がなされていました。1971年7月のヘンリー・キッシンジャー大統領補佐官のパキスタン経由による極秘訪中、そして1972年2月にはニクソン大統領みずからが中国を訪問し、国交正常化への足がかりを作りました。当時ヴォーゲル先生はすでにハーバードで教鞭を執られており、中国へはまだ行ったことがなかったものの、米中の外交関係樹立のために具体的な行動を起こされたようですね。

1968年と1971年、私はハーバード大学で中国問題を研究する同僚ら約10名とともにニクソン大統領に、なぜ、いかにして中国と国交正常化をするかに関する手紙をホワイトハウスに送った。

私たちはみな、米国がこれだけ長い間、中国と関係を持たないのは異常であり、できる限り早く国交を持ち、中国との距離を縮めていくべきだと考えていた。当時ハーバードで中国の歴史、社会、文化、言語などを研究していた学者たちは、そのような基本的思想を共有していた。

私自身は1961年にハーバードに戻って中国語を学び、中国を研究し始めていた。それから間もなくして、米国は中国とできる限り早く国交を持つべきだ、と考えるようになった。ただ、具体的にどのようなアプローチを取るのかに関して、私たちに具体的なアイデアはなかった。

米中関係の将来的発展や展望に対する私自身の見方も、曖昧ではっきりしたものではなかった。ただ米中関係が良好に発展し、平和的に交流し、私たち学者が中国へ赴いて研究ができると同時に、中国の学生が米国に来て勉強ができるような光景が生まれることを願っていたにすぎない。

米中両国が国交を正常化させさえすれば、これらのことは基本的に実現できると予測できたが、あの時点で詳細に具体的な事項を考慮していたわけではなかった、ということである。

ただし、台湾と長期にわたって外交関係を保持できないだろう、とは思っていた。なぜなら、台湾が中国を攻撃することはなく、中国はやはり中国で問題を抱え、国民党がすでに失敗していたのは明らかであったからだ。

私と中国研究センターの初代主任であるジョン・フェアバンク、そのほかの学者など合わせて十数人は、みな中国と外交関係を持つべきだと考えていた。1968年末に、ニクソンが米国の大統領に当選したのを機に、就任までの間に数人で会い、議論を重ね、ニクソンに手紙を書くことに決め、そのための準備に取り掛かった。

当時、ジェームス・トムソン・ジュニアという有名な同僚がいた。彼はホワイトハウスで仕事をしたことがあったため、手紙を書くことに積極的で、ホワイトハウス内部の状況にも精通していた。もう一人の同僚にマック・バンディという人間がいた。彼はハーバード大学のリベラルアーツ学部の学部長を務めたこともあり、ホワイトハウスでジョン・F・ケネディ大統領（1917～1963）の補佐官を務めたこともあった。トムソンはバンディの下で仕事をしたことがあり、ホワイトハウスを離れた後ハーバードに来て米中関係史を教えていた。我々はみな、このミッションに積極的で、フェアバンクも我々の議論に参加してきた。後は法学部のジェローム・コーエン、経済学部のドワイト・パーキンズもいた。私たちは3回ほど会って議論をし、そのうえで私がみなを代表して筆を執った。

1968年の末にホワイトハウスに送った手紙の核心的内容は、ニクソンが正式に大統領に就任した後こそ、中国と外交関係を構築する良いチャンスである、というものだった。その頃、ハーバード大学で教鞭を執っていたヘンリー・キッシンジャーが、ニクソンの大統領補佐官になる人事がすでに決まっていた。私たちはホワイトハウスから返事をもらったが、提言に謝意を述べる程度で、それ以上の反応はなかった。当時のホワイトハウスに対しては、我々ハーバード大学以外の中国問題専門家からもさまざまな提言がなされたため、我々の意見も一つの参考材料として活用されたのだろう。

ただ、少なくとも、キッシンジャーがこれまで考えてきた政策を実行するにあたり、我々の意見や提言を通じてその政策の実現可能性やアプローチが適切かどうかを再確認し、検証するうえでは役に立ったのかなとは思っている。キッシンジャーは中国問題だけでなく、全世界のことを分析する学者だった。ベトナム戦争からうまく撤退し、世界で確固たる地位を得るために、中国との関係を正常化するべきかどうかなど、彼なりの戦略を実現するために我々の意見を使っていたようだった。

米中が国交を正常化することの歴史的必然性

Question

ヴォーゲル先生は、具体的にどのような提言を送られたのですか。ニクソン大統領もキッシンジャー補佐官も、決して中国問題や米中関係の専門家ではないですから、キッシンジャーの古巣でもあるハーバードにおける中国問題専門家が、一定の議論や思考を経て、知の結晶として送った提言は重要だったと思います。あの時代に、政策論議がハーバードとホワイトハウス間で往復していたという事実を、非常に興味深く受け止めました。

私たち約10名のハーバード大学の中国問題専門家が、再びニクソン大統領に提言を送ったのは、1971年4月27日のことだ。中国との国交正常化に関する、具体的な提言をした。ポイントは、大きく次の三点があった。

(1)将来的に北京と台北が「一つの中国」問題をめぐって交渉する過程において、米国はどちらかの立場に依るべきではないということ
(2)「二つの中国」という表現方法を用いるよりは、「二つの代表」という言葉を使うほうが適切であろうということ
(3)北京がアルバニア方式で国際連合における議席を申請することに対して、米国は支持していなかったとしても、それを受け入れる立場を表明すべきだということ

また、大事なポイントとして、仮に米国があのタイミングで行動せず、中国の軍事力が一定の強大な水準になるまで待っていたら、米中は敵対関係に陥るリスクがあった。

ヴォーゲルらが米中国交正常化を進言したレター

HARVARD UNIVERSITY
EAST ASIAN RESEARCH CENTER
ARCHIBALD CARY COOLIDGE HALL

April 27, 1971

President Richard M. Nixon
The White House
Washington, D.C.

Dear Mr. President:

I want to compliment you on your continued excellent responses to the current developments with mainland China. Your initiatives on the trade situation make it clear that you are willing to relax trade barriers. Your response to newspaper accounts of Vice-President Agnew's disagreement with policies shows that you and your administration are openly behind opening up more contact. Your willingness to meet with Chinese representatives shows your positive approach, and your willingness to let the Chinese decide whether they want to keep it on a people to people basis shows proper regard for their present public stance.

In my view the current Peking friendship offensive is timed to encourage the recognition of a single China, headed by Peking, in the United Nations and in other international bodies. It is an extremely delicate situation, for if the United States and other countries respond unfavorably the current thaw in relations may turn into a heightening of tensions that would keep American forces deeply involved in Asia for decades ahead, perhaps requiring the sacrifice of further thousands of American lives for conflicts that could be avoided. In view of past commitments the United States cannot support the expulsion of Taiwan from the United Nations, and because of this it may be impossible to reach a rapprochement with The People's Republic of China. If we are to have any hope of getting beyond this impasse, I think it essential: 1) to make it clear that the United States would not stand in the way of an agreement between Taiwan and Peking for unification of a single China under rule from Peking, 2) to use the term "dual representation" rather than "two Chinas," and 3) to be willing to accept gracefully a United Nations vote for an Albanian-type proposal that would give Peking the single seat of China even if we did not support it. If we were to do any less at this point, there is a serious danger that we can look forward to further hostilities between the United States and China once Chinese military capacities are further developed.

Sincerely,

Ezra F. Vogel
Professor of Sociology

EFV:als

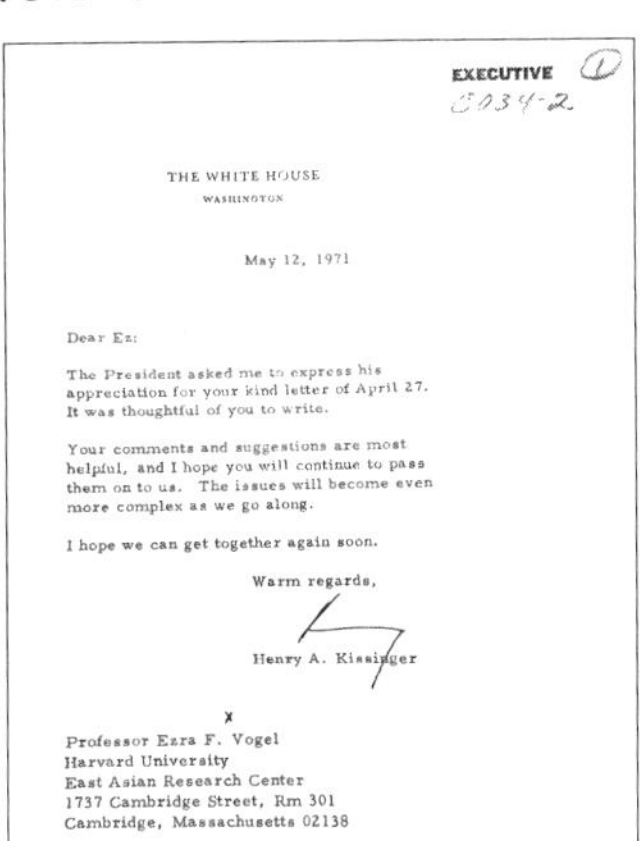

EXECUTIVE ①
CO34-2

THE WHITE HOUSE
WASHINGTON

May 12, 1971

Dear Ez:

The President asked me to express his appreciation for your kind letter of April 27. It was thoughtful of you to write.

Your comments and suggestions are most helpful, and I hope you will continue to pass them on to us. The issues will become even more complex as we go along.

I hope we can get together again soon.

Warm regards,

Henry A. Kissinger

Professor Ezra F. Vogel
Harvard University
East Asian Research Center
1737 Cambridge Street, Rm 301
Cambridge, Massachusetts 02138

右は、キッシンジャーからの返事

当時、中国は文化大革命の時期であり、国内政治は混乱、カオスに陥っていたけれども、私たちは中国が将来的に軍事力を含めて強大になる事態を現実的に想定していた。朝鮮戦争、国共内戦などから、中国人民解放軍の実力やパフォーマンスを、ある程度は理解できたからだ。中国の軍事力は将来的に必ず強大になるという予測を立てていた。

だからこそ、中国が比較的貧しく弱い段階で国交正常化するほうが、米国にとって有利に働く、という考えが提言の根底にはあったのである。

もちろん、当時、中国との外交関係の樹立を目論んでいたのは米国だけではなかった。国際社会において、それはすでに一つの大きな趨勢となっていた。世界各国が〝中国問題〟を真剣に考えていたのである。

中国はすでにその実力や影響力、将来的潜在力などにおいて台湾を凌駕し、打倒していた状況下で、世界各国があれだけ巨大で重要な国家と外交関係を持たないことは、不適切と言えた。当時、ハーバードにおける多くの学者がそう考えていた。


そうは言っても、私はあの時点で中国に行ったことはなく、中国に対する理解も、自然と限定的だった。ただ、私が生まれ育ったオハイオ州の小さな町にいた宣教師のなかには、第二次世界大戦中や戦前に、中国大陸で活動していた人々がいた。私は地元で彼らと面識があり、交流を持つ機会があった。たとえば、私の知り合いの一人は、北京大学で音楽を教えていた。ときどき休みを取ってオハイオに帰ってきていた。こういう人たちの話を聞くうちに、中国は面白い国で、人も面白く、文化があり、北京大学も素晴らしい大学なのだろう、と個人的に思うようになった。

したがって、ハーバードに来て中国語や中国を学ぶ前から、中国に何らかの関心や興味を持っていたのである。この点も、私が中国という国家を重視し、米国が中国と国交正常化すべきだと考え、主張するに至った一つの背景や動機になったかもしれない。それからもう一つ、我々のような中国問題専門家にとっては、やはり中国の著作や中国の学生が欲しかった。みずからの研究を進めるためには中国と連絡し、中国人と協力しあう必要があった。そういう点も、我々ハーバードの学者が中国との国交正常化を促したいという個人的動機があった。

中国大陸と台湾は分裂状態にあり、米国が北京政府と国交を結ぶということは、台湾との関係を断絶することを意味していたから、事態は複雑であり深刻であった。多くの状況は不明確で、私にとってもわからないことだらけであった。

しかし、私たちは中国が台湾を武力によって統一しようとする可能性があると考えていた。実際、１９５８年、中国が台湾に砲撃していた先例もあった。中国が軍事的手段を用いて台湾問題を解決しようとする可能性は、まったく否定できなかったのである。

もちろん、私たちはそのような戦略や状況に反対していた。台湾海峡をめぐる問題は、平和的に解決されるのが最適だと考えていた。当時の米国政府もそう考えていたし、私たち学者もそんな政府の立場を支持していた。

米中間で最大の問題は何か

Question

　国交正常化から40年が経ち、この間、米国の中国からの輸入額は5000億ドルを超えました。米国では、常時35万人以上の中国人留学生が学んでいます。中国国内でも、ハリウッド映画や英語学習、マクドナルドやスターバックスなどを含め、人民のライフスタイルはもはや米国と切っても切れない状況にあります。一方で、米国は中国との巨額の貿易赤字や中国によるサイバー攻撃、米国世論、大学などへの「政治的浸透」などを問題視し、中国も米国が中国の発展を封じ込めようとしているととらえ、両国間では戦略レベルで相互不信に陥り、難しい状況に陥っています。先生から見て、近年、あるいは今日、米中間で最大の問題、あるいは課題は何だと思われますか。

　一つは、世界政治における主導権争いの問題であり、もう一つは、台湾問題である。米中の指導者は国力比較の角度から、世界政治や国際政治経済秩序に対して「我々が言えばそうなる」「我々が物事を決める」という一種の覇権的地位を渇望し、追求しようとしている。この点は、米国も中国も同じである。

　米中関係は、本質的に競争の関係なのである。米国が大きいか、中国が大きいか。中国が強いか、米国が強いか。

このような精神で米中関係を見る視点は、両国双方に存在している。この主導権争いは、究極的に米中間で最大の問題であると私は考える。最近、米中関係を迷走させている貿易戦争も、この文脈のなかで理解されるべきだ。中国の産業政策、国防政策、科学技術政策、サイバー政策などに対する米国側の懸念や対策は、結局のところ戦略的な総合国力をめぐる競争なのである。

Q

競争はいいとしても、やはり懸念されるのは戦争です。地域や世界全体を巻き込むような戦争を起こさないことが、米中二大国にとっての責務になると思います。戦争が起きてしまえば、複雑に絡み合った地域や世界のバランスが壊れてしまいますから。ハーバードの同僚でおられるグレアム・アリソン教授も著書『Destined for War』（邦題『米中戦争前夜　新旧大国を衝突させる歴史の法則と回避のシナリオ』）で、古代ギリシャのアテネとスパルタを引き合いに出しながら、既存の大国と台頭する成長国が歴史的にいかに戦争に突入したか、あるいは回避したか、を論じています。19世紀に、日本と清朝は戦争をしました。20世紀には、日本とロシア、日本と米国も戦争をしました。一方、冷戦期のソ連と米国は戦争を回避しました。戦争をしなかった大国も歴史上あったということです。先生から見て、米国と中国という世界二大国は戦争を回避すること、アリソン教授の言葉を借りれば、（意図せず対立が激化する、ささいなきっかけを指す）「トゥキディデスの罠」から逃れられるでしょうか。

核の時代における戦争というのは、とりわけ恐ろしい。ただし、私は戦争が起こる可能性は低いと考える。

残念ながら、可能性がまったくないとは言えない。たとえば、台湾海峡で何か小さい事故が起きるような場合である。アリソンも著書で論じたように、第一次世界大戦を含め、多くの戦争のきっかけは大国、あるいは大国間ではなくて、小国を含めた第三国で何か起こって、それが引き金となって大国間の戦争へと発展しているからだ。

１９３０年代、日本が米国と戦うような事態は全然考えられない事態だったろうけれども、結果的に戦争に入っていった。そういう歴史があるからには、今後の米中に対しても何とも言えないし、戦争が１００％起きないとは言えない。

冷戦時代のソ連と米国は、核の恐ろしさを理解していた。ただトランプは狂信的だから正直読めない。

Q トランプ政権になって特に感じるのは、米国が長年続けた中国へのエンゲージメント（関与）政策は失敗したため、中国を戦略的競争相手と見なし、コンテインメント

（封じ込める）すべく行動するべきだ、という戦略家の間の気運です。先生は米国による対中エンゲージメント政策について、失敗だったとお考えですか。すなわち経済や人文を含め、あらゆる分野で中国との接触を深め、相互依存関係を強化するなかで、中国がこれまでよりも自由で開放的な社会に変化する流れを後押しするというアプローチは、もはや機能しないのでしょうか。

最近、アジアを担当する国務次官補を歴任したカート・キャンベルが、米国のこれまでの対中エンゲージメント政策は失敗した、という論考を執筆し発表した（https://www.foreignaffairs.com/articles/china/2018-02-13/china-reckoning）。だが、彼の考えには同意できない。

私は、米国のエンゲージメント政策が失敗したとは考えていない。たとえば、米中両国がともに国際連合や世界貿易機関（ＷＴＯ）といった国際組織に参加したうえで、世界で通用するルールや規範に基づいて物事を行うことは両国、そして世界全体にとっても有益であることは疑いない。

以前のソ連は、そうではなかった。私が２０１８年夏にクルーズ船に乗ってロシアを訪れた際、船上でロシア人と交流する機会があった。ロシアはなぜ若者を米国に派遣して学ばせないのかと質問したが、先方は「帰ってこないことを恐れているから」と答えてきた。ソ連は崩壊しロシアになっても、ロシアの対米意識には、そういう警戒心や不信感が漂っている。米ロ間の関係や交流は、そういうネガティブな要素で阻害されているのである。

一方で、米中間の関係や交流を見渡してみると、米国には年間35万人もの中国人が留学に来ていて、そのほか学者の訪問などを含め、あらゆる分野における接触や交流が大量に発生している。米中間では政治体制もイデオロギーも異なるけれども、物事の考え方、行い方、進め方を含めたルールや規範をめぐっては、その多くを共有できるのである。米国人と中国人は、正常かつ健全な意思疎通を図ることができるのである。たとえば気候変動の問題を含めて、米中は切っても切れない関係、あらゆる利害や目標を共有しなければならない局面がますます増えてくるのである。こういう現状はエンゲージメント政策を支える重要な要素であり、だからこそ、その政策は失敗に終わらず、ある程度機能しながら米中関係の発展を支えてきたのである。

もちろん、近年エンゲージメント政策を推し進めてきた米国が、ベトナム、イラク、シリアといった国で行ってきたことは間違いであった。米国のあれらの政策は失敗であり、大きな禍根を残した。私は、米国が将来的に対外政策で、軍事力に依拠しながら過去の失敗を繰り返すことを懸念している。

多くの懸念は、時期尚早なのかもしれない。また、将来のことはわからないというのが正直なところだが、懸念材料は存在する。

私がもう一つ懸念しているのは、中国が米国と同じ過ちを犯す局面だ。

その筆頭が、南シナ海問題である。中国は南シナ海で、相当な自信を持って拡張的な行動を見せている。軍事力を駆使して勢力や設備を拡大している。現時点において、中国は世界各地に軍隊を派遣することを国家戦略とはしていないようだが、将来的にその可能性は十分にある。

というのも、中国の軍事力は年を追うごとに強大化している。2019年、中国の国防予算は前年実績費7・5%増で、経済成長率目標（6・0〜6・5%増に設定）を上回っている。その意図や目的は何なのか。透明性や説明責任に欠けるがゆえに懸念される。もちろん、現在は核の時代であり、仮に核保有国が原子爆弾を使えば、それは全面戦争を意味する。世界は終わってしまうだろう。中国もこの点を心得ているから、軍事力の発展や行使には慎重姿勢を崩さないとは期待している。ただそれは、中国が軍事力を徐々にでも発展させ、世界政治に不透明性や懸念事項をもたらさないことを意味しない。

Question

中国は米国に代わって「世界の警察官」になれるのか

先ほどの先生の米中最大の問題に関する問題提起、そしてアリソン教授の議論とも関係しますが、世界秩序における主導権争いという観点から米中関係の現状と展望を、どうご覧になっていますか。私が特に関心を持っているのは、「世界の警察官」に関する論点です。米国は戦後、「世界の警察官」として世界各地で経済力、軍事力、ソフトパワーなどを多角的に行使しつつ、影響力を誇示してきました。そのプロセスは、地域の安定に寄与することもあれば、うまく機能しなかったこともあったと思います。ただ一つ言えるのは、米国の有権者たちが、自国が「世界の警察官」としての役割を演じる、そのために膨大な税金が注入されることに疲弊している、そしてそれが極端なまでに〝内向き〟な政策を掲げるドナルド・トランプという大統領の誕生を促したのではないか、という点です。そして中国はそういう状況をしたたかに戦略的に眺め、あわよくば米国に取って代わって、みずからが「世界の警察官」のような存在になるべく虎視眈々と狙っています。先生はどうお考えですか。

主導権問題を抱える米中関係の現状と展望を考えるうえで、一つのケーススタディとなるのが、中国は米国に代わって「世界の警察官」という役割を演じるのか否か、そして、どう演じるのか、という問題である。

米国は近年、イラクやシリアで失敗してきている。トランプ政権になって米国が国際社会において閉鎖的で無責任な行動に出ている、という批判や不満も噴出している。そんな米国の動向に注目し、戦略的な契機だととらえる中国は、米国に代わってグローバルにリーダーシップを発揮しながら、自国の国益を最大化しようと目論むことだろう。

私自身は、米国がこれからも「世界の警察官」としての役割を演じ続けるとは思わない。米国には、そのための予算も足りない。この問題や分野に割ける中国の予算は、米国を超える可能性が十分にある。米国の財政赤字も、私たちが「世界の警察官」を演じ続けることを許容しておかないだろう。財政だけでなく、世論も米国がそうすることに寛容ではなくなってきている。

私たち学界でも、大多数の学者は支持していないが、政府に媚びを売ることで飯のタネにしている一部の〝御用学者〟は支持しているようである。もっとも、その手の学者は、中国にも非常に多い。習近平政権になって、ますます増加している。

仮に米国が「世界の警察官」を演じられなくなった場合、誰が米国に代わってこの世界をリードしていくのか。中国は当然そこに契機を見出し、米国に取って代わってリードすべく積極的に動いてくるであろう。

私は米国のリーダーシップが、歴代政権や現政権の失策や失態というネガティブな背景によって、中国がその空白を埋めるという事態を懸念している。同時に、中国の国家としての吸引力やソフトパワーは現在、そしておそらく近い将来も、米国を超えることはないだろう。

最近、ラテンアメリカやアフリカなどが中国を受け入れ、歓迎しているように見えるが、諸国家が受け入れているのは中国のお金であって、リーダーシップではない。

その主たる要因が、中国にソフトパワーが欠けていることである。中国には、ハリウッドもハーバードも民主主義もない。このような現状が続いていく限り、世界が中国のリーダーシップを受け入れることはないだろう。

中国の政治体制のゆくえ、より具体的に言えば、中国の国内政治が民主化するかどうかに、世界は注目していくであろう。だが私自身は、中国が米国のような民主国家になる可能性はないと思っている。

ただこれまでよりも国際的に通用する手法に適応し、国内で人権を尊重する可能性はあるのかどうか。将来的な「世界の警察官」問題にも関わる重要な要素である。習近平政権や米中関係の動向を含め、もう少し事態のゆくえを観察して見る必要があるように思う。

一つ言えることは、中国が現在よりも自由かつ開放的になり、人権や国際ルールを重んじる国家にならない限り、国際社会が中国のリーダーシップを受け入れることはない。言い換えれば中国が「世界の警察官」として、国際社会でリーダーシップを発揮していくことは現実的ではない、ということである。

また中国が今後、国際的にどこまで影響力を向上させるかは、中国経済がどれだけ健全に、安定的に発展していけるかにかかっている。昨今の中国経済は全体的に良好で、バブル経済が形成される可能性やリスクも当時の日本ほど深刻ではないように見える。ただ中国経済が昨今のスピードでの成長を維持できなくなり、減速していった場合、中国人の自信や外国に対する中国への自信は下がるだろう。そのとき何が起こるか。中国は民主主義国家ではなく、中国共産党の正統性の多くは経済成長という結果・業績に依存しているため、この点は非常に重要であるし、今後予断を許さない状況が続くのではと見ている。

中国共産党の正統性の問題と、正統性を揺るがしかねない火種が、どこで生まれるのか、あるいは、引き金がどう引かれるのかという問題は、経済成長を含めて慎重に観察し議論する必要があると考えている。私自身、確信を持って因果関係を理解し、整理できているわけではない。中国国内でこれからどんなことが起こり、どんな変化が生じるのか。5年後、10年後の中国の状況を正確に予測することは難しい。

理想的なのは、思想が開放的な人々が、軍事的手段の行使を抑制し、国際協力を通じて中国の国益を最大化させるべきだと主張し、結果として中国国内で影響力を向上させ、中国をリードしていくという筋書きだろう。

たとえば、経済学者で中国発展研究基金会の秘書長を務める盧邁は、ハーバード大学ケネディスクール（公共政策大学院）で1年間学んだことがあり、私とも緊密な交流がある。彼の思想が開放的で、中国は今よりも開放的な進路を歩む必要がある、と語っている。彼のような人物が、中国共産党政権内で発言権や影響力を得ることができれば、中国は私たち外国・外国人や国際社会にとって、より付き合いやすい存在となるはずだ。

中国は経済的には大きくなるけれども、かつての米国のような世界の警察的な地位を確保することは難しいだろう。そもそも経済成長がそこまで続かないと思う。他国からの信頼も得られていない。

もちろん、米国自身もパクス・アメリカーナの時代は終わった、と認めるべきだ。米国は傲慢だった。今日の中国にも傲慢な人がたくさんいる。ただ、中国が持続的に発展していくだろうかと心配する中国人も、少なからずいるようだ。

Q

私もそう思います。2017年、遼寧大学で国際政治を教えていましたが、40人くらいの授業で、「将来的に中国が米国を超えると思う人」と尋ねると、「超えると思う」と答えた学生は2~3人しかいませんでした。みな「中国はまだそんなに力がない」と言っていました。超えるというのは経済力だけでなく、軍事力、国際的影響力、そして信頼を含めたソフトパワーを含めて中国が将来的に米国よりも影響力を持ち、尊敬を集める国になるという意味です。中国において、こういう見方は学生だけでなく、外交官やビジネスマン、そして軍人の間にも見られると私は思っています。

中国国内に存在する問題に考慮して、傲慢に自己主張することを遠慮する中国人もいる。数年以内に成長率が低下したとき、傲慢な人はどう主張するだろうか。中国人はそれほど傲慢とは思わないが、国家として傲慢に見えることも事実だ。それは、実際に中国共産党が行っている政策のせいでもあり、米国による宣伝のせいでもある。

将来的に、中国が経済で米国を抜いたとしても、米国のほうが、生活するには圧倒的にいい国だと思う人は、まだまだ多いだろう。経済で我々を追い越しても、人権問題を含めて、米国のほうが中国よりも優れていると米国人は考えるだろうし、世界の多くの人々もそう思うだろう。

米国との貿易戦争に挑む中国は80年代の日本企業から何を学ぶべきか

Question

2018年から2019年にかけて、米中間の構造的問題や戦略的競争が表面化し、火花を散らしている一つのケースが貿易戦争だと思います。トランプ政権が中国からの輸入品へ追加課税を連続的に行い、それに対して中国が報復措置を取り続ける、お互い一歩も引かないという負の連鎖が起きました。先生は、かつて1986年に刊行した城山三郎さんとの対談本『日米互いに何を学ぶか』(講談社)の第4章「摩擦をどうする」において、1980年代日米間で勃発した貿易摩擦をいかに管理するかを議論されました。そのときの議論を含め、昨今の米中両国が当時の日米から学べる教訓や繰り返すべきではない過ちなど、先生なりに考えるところはおありですか。

冷戦時とポスト冷戦時代の現在では、日米と米中の関係は異なる。日米両国は同盟国であり、米中両国は競争関係にある。それだけに安易な比較は回避すべきだが、米国という超大国に向き合ううえで、今日の中国が当時の日本から学ぶべきところ、あるいは教訓として汲み取るべきところはあるのか否か、三つの視点から考えてみたい。

一つ目に、当時、日本企業が生産工場を米国に移した点に見出せる。トヨタ自動車、日産自動車なども含まれる。それから米国のほぼすべての州に、日本の工場が見られるようになった。地方に根を張るための努力をし、現地社会と関係を築き、現地の人々に溶け込もうと尽力していた。

私自身、印象深く残っているエピソードを挙げよう。私は昔からＹＫＫを知っており、ジョージア州にある同社の工場を訪れたことがある。ジミー・カーター大統領（１９２４〜）とＹＫＫの社長が非常に親しかったのを覚えている。同社の社長とは１９７９年に会い、後を継いだ息子のことも知っている。ＹＫＫはジョージア州を通じて米国の政治や指導者に深く食い込んでいた。

さらに、私がワシントンで役人をしていた頃のエピソードも紹介しよう。１９９４年に日本の天皇が訪米したときのことだ。ビル・クリントン大統領（１９４６〜）が歓迎会を主催し、私も妻と一緒に出席していた。宴会会場には１４０〜１５０人ほどが出席していたが、そこに３人の日本人がいた。みなアーカンソー州から来ていた。同州に工場を持つ、日本企業の経営者だった。

彼らは、同州を選挙区とするクリントン大統領と、密接な連絡と交流を保持していた。

こうした日本人経営者は、アーカンソー州でクリントン大統領を支持すべく、地元の経済や市民の生活に貢献していた。だからクリントン大統領は彼らを大切にし、宴会にみずから招待したのである。日本企業のこのような努力と、米国の政治家や社会、地方、市民との交流は特筆すべきものである。

私が前回ネブラスカ州に講演に行った際、そこには川崎重工業があったし、私の出身地であるオハイオ州にはホンダがある。日本企業は米国の地方に深く根ざしてきたのだ。それと比べて、昨今の中国にはそういう企業がない。もちろん、中国の工業や産業はそこまで発展しておらず、当時の日本企業のようには現時点ではいかないのかもしれない。ただ、中国が長期的に米国との経済貿易関係を安定的に管理したいのであれば、中国企業がいかにして米国の地方との関係を構築するか、いかに地方に根ざした商業活動を展開するか、地方の政治、政治家、市民社会、一般市民らと深い関係を築くかがカギとなるであろう。

二つ目に、日本政府は当時たしかに保護主義的な姿勢であったし、本国の市場、産業、商品を守るための措置を取っていた。それらに対して米国は不満を持っていた。しかしながら、日本が取っていた政策や措置は合法的な手段であり、決して違法行為をしていないなかった。この点を、中国の政府や企業は肝に銘じ、学ぶべきである。

中国の企業が米国市場に進出しようが、外国企業が中国市場に進出しようが、合法的であるべきだ。特に知的財産権に関わる分野では、その合法性あるいは違法性に注意しなければならない。当初、日本企業にも一部に違法行為はあったが稀であり、その後は基本的に合法的に知的財産権の問題も処理していた。この点、中国政府や企業の認識や手法には、まだまだ未熟でいい加減な部分があるように見受けられる。

三つ目は、中国において、外国企業を重視しない動きや現象が見られるようになっていることだ。以前の中国は経済成長をめざして、外国企業の誘致に必死だった。しかし、ここにきて中国は発展し、外国企業を重視しなくなってきている。中国が傲慢になった、一つの証拠である。今日の中国と当時の日本の状況や境遇は、必ずしも一致しない。だが、中国は引き続き、合法的な手法で、外国企業に公平な機会を提供すべきである。中国は外国企業を追い出すようなことをすべきではなく、むしろ積極的に中国市場に留めるような対策を講ずるべきであろう。

米国と中国との貿易摩擦は貿易戦争へと発展し、両国間で関税の掛け合いが繰り返されている。また、中国通信最大手である華為(ファーウェイ)技術などの民間企業も、同戦争のなかで米国政府から輸入規制の対象企業にリストアップされ、巻き込まれている感がある。中国も米国に対して、安易に妥協しない姿勢を見せている。米国企業や法人への報復措置が懸念される。かつての日米両国と異なり、昨今の米中には安全保障的な対立や矛盾もある。

ただ、私は、トランプ政権が発動した貿易戦争に対する中国側の対策は、基本的に正しいと思っている。中国の対策は、米国が中国企業や商品を制裁するのであれば、中国としても同等規模と程度の報復措置を取る「目には目を」の打ち手を取ることで一貫している。たとえば、米国の大豆や飛行機を購入しないという決断がその一つであり、それは合理的な範疇のものである。

仮に、私が中国の指導者であれば、同じような姿勢と手法でトランプに対応したであろう。中国が引き続きグローバルな貿易を推進していきたい、と希望していることは明白である。中国政府にできること、そして改善すべきことは、これまでよりも多くの米国企業が中国市場で成功できるように、あらゆる法整備やビジネス環境を整えることだ。彼らに中国市場に残ってもらうべきで、決して追い出すような措置を講じたり、米国企業が撤退したいと思うような環境を作るべきではない。

私は、習近平時代になった現在においても、中国は交渉や対話を通じて物事を解決したいと考えているのだろう、と判断をしている。

ただトランプのとる手段は、あまりにも稚拙である。中国に不断に圧力をかけて、中国からの妥協を通じて貿易不均衡を解決するという、単一的思考しか持ち合わせていない。かつて米国は日本との貿易摩擦に対応する際に一連の「数字目標」を制定したが、今日の中国に対してもそうであるように見受けられる。あらゆる数字を出しながら、中国に圧力をかけている。

ただ、貿易不均衡とはまずは経済的事情によって決定するものであり、中国の商品が安価で、米国の消費者がそれらを買いたいという背景がある。この点を無視して政治や政策によって無理やりに解決しようというやり方は危険であり、両国ともに慎重になるべきである。

貿易問題が及ぼす影響は、単に貿易だけにとどまらない。仮にこの問題がエスカレートすれば、米中間の構造的矛盾が火花を散らすであろう。

その筆頭が、台湾をめぐる安全保障問題である。貿易戦争が引き金となり、それにしびれを切らしたトランプ政権が、台湾問題を取引のカードに使ったとしよう。具体的には、従来から親台湾であるジョン・ボルトン国家安全保障補佐官（1948〜）を台湾へ派遣するなどして中国に圧力をかけ、台湾海峡が緊張化すれば、最悪の場合、米中が武力衝突に陥るようなリスクも否定できなくなってくる。そうなれば、当然日本を取り巻く安全保障環境にも影響が出るであろう。私はそのような事態を、現実的リスクとして懸念している。

トランプ、ジョン・ボルトン、ピーター・ナヴァロ通商政策局長（1949〜）といった状況や事態を理解していない人間が、米中関係を不安定化させるのではないか、と恐怖心を覚えるのである。もちろん米国側にも、米中両国が競争関係から敵対関係へ変わるべきではないと考える人間もいる。そういう理性的で経験豊富な人材に期待するほかない、というもどかしさも、私たち知識人にはある。私は米中が競争するのはいいが、敵対してしまってはいけない、その前で止めないといけないと考えている。

トランプという大統領は視野が狭く、目先のことしか考えない指導者である。側近のボルトンやナヴァロらは、トランプがやりたいということを支持するであろう。

ただ米国政府内にも、中国政府内にも状況や事態を的確に理解する人々がいることを、私は知っている。彼らがしかるべき役割を果たし、情勢が悪化しないことを願っている。

Question

米中は台湾問題をめぐって一戦を交えるのか

続いて、先生が米中関係にとっての最大の課題の一つ、とお考えの、台湾問題についてお尋ねします。まず、台湾問題は、中国の未来にとっても米中関係にとっても、死活的に重要である、というのは論をまたないでしょう。『鄧小平』の著者である先生に伺いたいのは、鄧小平がモスクワで蔣介石の息子の蔣経国元台湾総統（1910～1988）と一緒に学んでいたときのことです。対台湾政策として当初「一国二制度」を打ち出した鄧小平は、対岸で蔣経国が政治改革、民主化を推し進めた経緯や様子を、どのように眺めていたとお考えですか。

蔣経国は、たしかにみずからが亡くなるまでに、台湾で民主化を実現したい、と考えていた。だが同時に、台湾の「台湾化」、すなわち台湾人としてのアイデンティティーを必要以上に煽り、それを制度化させることで、台湾独立の気運に火をつけ、中国との関係を悪化させてしまうような政策、そしてそういう政策を推し進めかねないような人物を推薦することには反対していた。李登輝元総統（1923～）を利用しようとは考えても、後継者にしたくはなかったのである。なぜなら、李登輝がみずからの後継者になれば、台湾の「台湾化」を招く恐れがあったからだ。

やはり蔣経国は、父親である蔣介石と同様、中国大陸からやってきた国民党の人間であった。李登輝に継承させず、台湾の「台湾化」を回避する前提で民主主義の道を進むべし、というのが蔣経国の考え方であった。そして、台湾は比較的成熟した民主主義制度を構築した。台湾の政党政治もそれなりにうまく機能していると言える。

Q

両岸関係に話を移しますが、台湾では蔡英文総統（1956〜）率いる民主進歩党が、与党の地位に君臨しています。2020年の総統選挙は見ものですね。米国では《台湾旅行法》や《国防権限法》など、台湾との関係を深化させる法案ができてきています。このような状況下で、中国では軍部を含めて台湾が独立を宣言するのを待たずして、祖国統一のために動くべきだ、という意見や主張もあるようです。習近平は2019年頭の演説で「祖国は必ず統一しなければならない」と主張し、そのためであれば武力行使も放棄しないと改めて訴えました。こうした一連の動きを、先生はどのようにご覧になっていますか。

中国人民解放軍が台湾を武力で統一するとして、それはすなわち米国と戦うことを意味する。習近平や人民解放軍に、そこまでの覚悟や能力があるのだろうか。私には疑問である。台湾は引き続き民主主義を堅持していくだろうし、中国は習近平政権下で、これまでよりも専制的な国家になりつつある。両岸の政治体制はこれまで以上に異なるものになっている。

鄧小平は当時、中国の制度を将来的に香港の制度へと近づけることによって、平和的に祖国統一問題を処理しようとしていた。台湾に関しては、トランプ政権の対応もよくない。一部公職にある人間は台湾が国家であることを主張している。国務院の役人はこのような振る舞いは、米国にとっても中国にとっても危険であると認識しているようだ。

私自身は、中国のアプローチは「孫子の兵法」に似通ったものになる、と予測している。要するに、武力によって叩くのではなく、あらゆる圧力を組み合わせ、結果的に台湾の〝投降〟を促すというものである。中国が望むのは、台湾がみずから投降してくる局面にほかならない。

それではどのような方法を用いて、台湾に投降を迫るのか。

まずは、外交的に台湾を孤立させる方法だ。次に、経済的な圧力をかけるやり方だ。私は軍事の専門家ではなく、中国の軍事思想もあまり理解していない。それでも、中国の指導者ができることなら軍事的手段には訴えたくない、と政治的に考えていることはわかる。なぜなら、台湾を軍事攻撃するとなれば、米国が必然的に関与してくるからである。そうなれば、問題は山積みになり、台湾海峡やアジア太平洋地域は、非常に複雑で危険な状況と化してしまう。

一方で、習近平はみずからの在任中に、祖国統一事業を実現したい、と強く願っていると考えている。「台湾は我々のものだ」という一点を証明したいと考え、動くであろう。

ただそんな習近平でも、米国との衝突は怖く、できることなら避けたい。みずからの目標と米国への懸念の狭間で、ジレンマに直面している。

Q 平和的統一は考えづらい。かつ武力による統一も現実的ではない。習近平が「現状維持」を放棄し、仮に何らかの方法で統一を推し進めるとしたら、第三の折衷案しかないということになりますが、あり得るでしょうか。

中国にとって一番いいのは、経済的、外交的圧力を使って、台湾が中国に歩み寄るしかない状況を作り上げ、その流れのなかで、台湾を中国の一つの省にすることだろう。ただ中国国内の「省」では、台湾も受け入れないだろうから、やはり香港のように、特別行政区のような形を取るのだろう。ただし今の香港ではなく、10年前の香港だ。今の香港は政治的自由がかなり制限され、とても民主主義を謳歌する台湾人にとって受け入れられるものではない。

Q しかし現在の台湾では「一国二制度」というのはタブーです。台湾はそれを絶対受け入れないのではないでしょうか。

だが、中国からどんどん圧力をかけられた場合にはどうだろう。これから10年、20年先に、米国の軍隊が韓国から少し引いて、台湾海峡で中国と戦うかわからない、という状況になった場合、台湾はどういう選択をするのだろう。いずれにせよ、中国は武力に頼らない政治的な解決を望むだろう。

Q

おっしゃるとおりです。ただ私が思うには、そのために不可欠なのは、中国自身が政治的にもう少し改革を進め、政治的にもう少し民主的に、自由になって、言論、報道の自由、司法の独立というものが制度的に確立される必要がある。そのなかで、台湾がそんな中国とだったら何らかの形で統合を進めてもいいと思い、主体的にアジェンダが進むことがベストだと思うのです。私の一方的な見方かもしれないですけど、中国の自助努力があって、中国市場で稼いできた台湾商人だけでなく、一般の台湾市民が中国を尊敬し、好感を抱くようになるような局面にならないと、統一は難しいのではないでしょうか。

それが一番いいのは間違いない。ただ最近10年間の傾向は、まったく逆になっている。

米国が台湾に別れを告げる時か

Question

台湾をめぐっては、米国の関与を低下させるべきとの主張も出ています。私から見て衝撃だった一つの論考が、2014年2月、オフェンシブ・リアリズム（攻撃的現実主義）論者で知られるジョン・ミアシャイマー・シカゴ大学教授がナショナル・インタレスト誌にて『Say Goodbye to Taiwan』です。「台湾放棄論」とも称されたこの論考では、要するに米国の国益を確保し最大化するという観点からすれば、米国は今後、台湾問題をめぐって中国と一戦を交える意味や価値が軽減していくことが論じられています。より具体的に言えば、これまで安全保障上、そして価値観という意味で、米国のアジア太平洋地域戦略において重要な役割を果たしてきた台湾も、米国の国益と戦略にとっての価値は低下していく、と指摘しています。米国は対中戦略という枠組みのなかで、台湾の位置づけを再考する必要に迫られる可能性がある、と述べています。米国の学術界や政財界でも、一定の論争を呼んだ問題提起であった、と私は認識しました。先生は、この考え方をどのように見ていますか。

現在の米国の指導者は、条理や道理に基づいて物事を考えたり行動したりしない。非常に残念である。トランプだけでなく、トランプを支持している側近を含め未熟であり、建設的で効果的な台湾政策を行使できる状況にあるとは到底思えない。私から見て成熟していると言えるのは、ジェームズ・マティスくらいだ。

そんななか、以前であれば、米国が台湾を放棄するなど不可能だ、と私も主張したであろうが、現在に至っては何とも言えない。その可能性もある、と言わざるを得ないだろう。台湾問題にとって、米国はもはや信頼できるプレイヤーではなくなってきている。我々の政府はあまりにも混乱していて、まともな政策決定ができる体制にない。

もちろん、私は米国が引き続き台湾を支持しつつ、平和的な方法で問題解決がなされるプロセスを推進すべきだ、と考えている。それ以外のすべてのアプローチに、私は反対する。この点においても、トランプ政権に希望は見出せず、今後どうなるのかはわからない。将来は不確定要素で満ちている。

近年、中国の高圧的な政策が原因で、台湾人はますます中国との統一を嫌がり、中国とともに歩みたくない、と考えるようになっている。この傾向は明らかである。原因は、中国の台湾に対する政策が、あまりにも強硬的すぎるところにある。

蔡英文総統は、最初から慎重な政策と態度を取ってきた。米国政府がこれまでの路線から外れた規格外の行動を取ったとしても、彼女は極端なやり方に依拠して問題を処理したり中国と向き合ったりすることはしたくないだろう。

日本の安全保障や国益にとっては、台湾海峡をめぐる米中台関係の現状やゆくえは比較的厄介で、リスクを伴う展開を見せるに違いない。日本は基本的に現状維持、そして台湾海峡が平和的に推移する局面を望むだろう。

中国と台湾の政治体制と価値観は異なり、前者のそれはまだまだ成熟しているとは言えず、台湾人が受け入れられるものでは決してない。このような状況下で中国と台湾を統一することは不可能だろうし、仮に無理やり統一したとしても混乱を招くだけであろう。このため、現在は統一問題を議論するには時期尚早である。

私の研究によれば、鄧小平が当初考えていたのは、中国と台湾の制度が年を追うごとに接近していき、徐々に統一に向けた機が熟していく、というプロセスである。現在に至って、状況は変わってしまった。台湾は民主化し、中国は習近平政権下でますます専制的になっている。両者のギャップは開くばかりである。鄧小平の考えは、非現実的になってしまったのである。


ただ、蔡英文が台湾独立を唱えるなどの極端な政策を取るとは、私は思わない。中国との関係や、米国との関係を慎重に処理しようとするだろう。もちろん、蔡英文のやり方は前任者の馬英九（1950〜）とは異なり、中国とそこまで接近することもないだろう。

最近の台湾訪問で、私は馬英九と面会した。過去の行動が原因で被告になっていたのは残念であったが、その問題で刑事責任を問われるような事態にまではならない、という感触を受けた。中国と台湾の関係の将来を考えたとき、中国の体制や社会が、より自由に開放的になっていけば理想的ではある。自由主義の価値観や民主主義の体制とまでは言わないまでも、中国が現体制を維持したうえで、これまで以上の自由と開放を構築し、徐々に香港や台湾と融合していくプロセスを経て、相互理解と相互信頼を前提に平和的にあらゆる問題を解決する局面が最良であることはいうまでもない。日本にとっても、米国にとっても、アジア、そして全世界にとっても、それがベストな中台関係であり、台湾海峡をめぐる将来的な局面であろう。

しかしながら、2014年に起こった「雨傘革命」（民主派学者や学生リーダーたちのリーダーシップの下で、香港人によって香港の行政長官を選ぶ普通選挙の実現を求めた抗議デモ）の混乱にも反映されるように、中国政府の香港への高圧的な政策、および中国世論の台湾に対する超民族主義的な動向は、懸念事項である。中国国内には「一刻も早く台湾を武力で解放せよ」といった類の言論も数多く見られる。ナショナリズムやポピュリズムが中国の対台湾世論を覆っている。これは鄧小平が見たかった光景ではないだろう。

中国の政治体制もどんどん緊張してきており、自由と開放は増えるどころか、ますます侵食されている。そう考えると、中国の問題は大きいと言わざるを得ない。一方で、台湾人の生活は安定している。台湾人は、自由民主主義に立脚したライフスタイルを謳歌している。台湾社会は、私がよく知る日本社会のようであり、人々の生活は安定している。台湾は、香港以上に健全で成熟した社会だ。中国社会は、その物質的次元において水準が向上しているが、安定した社会とは言えず、人々も安心して現状に向き合い、未来を見据えているとは言い難い。

Question

北朝鮮はなぜ国を開かないのか

東アジア情勢、および米中関係をめぐるケーススタディとしては、朝鮮半島、そして南北朝鮮のゆくえも注目されます。冷戦が終わった今も南北は分裂したままであり、いまだ休戦協定のままです。最終的に南北朝鮮がどのような未来を望み、歩んでいくのかは当事者たちの意思と行動力によるのでしょうが、その過程でこれまでそれぞれ南北に戦略的影響力を誇示してきた米中二大国による思惑や関与も決して軽視できません。米中が地政学的に攻防を繰り広げるなかで、前述の台湾問題と朝鮮半島問題がどう「バーゲニング」されるかにも個人的に興味があります。先生は朝鮮半島をめぐる現状と未来をどのような視点から観察されていますか?

私は韓国の学者とともに、朴正煕元大統領(1917〜1979)に関する著作を書き、金大中元大統領(1924〜2009)や潘基文前国連事務総長(1944〜)といった政治家とも交流を持ってきた。だが、北朝鮮の政治家や指導者と面識はない。

ただ、金正恩政権にある北朝鮮がこれからどんな進路を歩むのか。
非核化に踏み切るのか。
経済発展のために国を開くのか。
南北朝鮮が朝鮮半島でどのように共存していくのか。
駐韓米軍はどうなっていくのか。
中国は朝鮮半島を地政学的にどうとらえ動いていくのか。

こういった問題には関心を持っている。

私は最近、中国の東北地方、北朝鮮と国境を接する遼寧省を訪れ、遼寧省社会科学院の北朝鮮問題、朝鮮半島専門家らと交流を行った。北朝鮮との国境都市である丹東市にも赴き、同市の副市長と交流した。議論は面白かったし、朝鮮半島の未来や北朝鮮の今後を考えるよい機会になった。

まず、私たちが考えなくてはならないのは「北朝鮮はなぜ国を開こうとしないのか」という問いである。

北朝鮮の指導者は、いったん国を開放してしまえば韓国や日本のビジネスマンが次々と進出してきて、経済の力を使って北朝鮮社会を支配・コントロールしてしまうのではないか、と懸念しているのである。比較材料として、中国はなぜ国を開こうと決心したのか。それは台湾が小さく、人口も中国に比べて断然少ないからである。それに比べて、韓国の経済と軍隊は北朝鮮よりも断然強く、人口も多い。このような状況下で国を開けば韓国に呑み込まれてしまう、と恐怖を抱いているのだろう。

歴史を振り返ってみると、植民地時代は、北朝鮮のほうが産業は盛んだった。南はコメを作るなど農業で食べていた。朝鮮戦争の後の10年間ぐらいは、北朝鮮のほうがまだ強かった。韓国の朴正熙は産業化に成功し、1959年から10～15年くらいで、南の経済は北を追い越し、人口も南が2倍くらいに増加した。逆に、北は弱体化していった。

朝鮮の歴史は、まさに〝頑固〟の一言に尽きる。2000年にわたって、中国大陸からの圧力に耐えてきた。一つの国を、特に大きな国から守るには頑固でなければできなかったのだ。朝鮮は歴史的に中国のことをよく理解している。小さい国だから、自分の国を守るために勉強してきたのだ。

1960年代も後半になると、南の人口は北の2倍になり、経済の力もずっと強くなり、そして米国からの安全保障面の支持も得た。一方で、北と中国との関係はそれほど良好ではなかった。北朝鮮は終始中国に頼ることができるかどうか、懐疑的だった。南のほうが、あらゆる面で強い局面ができ上がった。

また、韓国は同じ米国の同盟国である日本との関係も発展させた。朴正熙もそもそも日本人だった。日本の軍隊の一員だった。1960年代、彼は米国よりも日本とのいい関係を構築した。米国の兵隊は韓国に駐留していたけれども、経済の成長を含め、やはり日本との関係のほうが密接だった。戦前の韓国に住んでいた日本人はかなり多く、日本語のできる韓国人も多くいた。教育を受けた大人のほとんどは、日本語ができた。1960年代、韓国人の日本に対する気持ちは矛盾があったと思う。嫌悪感を覚える一方で、自分も多少は日本人であるとも思っている。

私が言いたいのは、彼らが日本の文化や行動様式をよく知っているということだ。私は一度、韓国の鉄工工場を見学したことがある。名前は忘れてしまったが、日本の工場とそっくりだった。機械はもちろん、従業員が着ている衣服も同じだった。日本の工場と同じ鉄を造っているのだ、と感じた。ものの言い回し、動き方、機械の並べ方、まさに日本そのものだった。韓国はこのように日本に対する独自の理解と認識を十二分に活かして、戦後自国の経済を発展させたということだ。

北朝鮮は、そうではなかった。米国と日本の支援を得て、急速に発展する韓国が南にいる。中国も信用できない。そんな状態で、元来頑固な北朝鮮は、核兵器がないと自分の国を守ることができない、と考えるようになる。経済のベースはないし、軍隊のベースはあっても、せいぜいソウルを攻撃できる程度だ。そういう自国の弱さにコンプレックスがあるから、さらに韓国を嫌いになる。日本のことも、米国のことも、そして中国のことさえも、嫌いになる。ただ北朝鮮の指導者たちは、今の金正恩を含め韓国人が国を発展させるために、よく勉強したと思っている。外国の事情や、国を発展させるためのノウハウも知っている、と認めている。だから「頭が悪い」とは言わない。南北朝鮮という長い歴史があったわけだし、祖国の統一は可能だと考えている。

丹東市の副市長は、同市と対岸にある新義州市の幹部と、しばしば面会している、と言っていた。新義州サイドも丹東サイドに対して、一気に国を開き、経済を発展させることを懸念していること、北朝鮮が徐々に規制を緩和していく旨を伝えてきているという。

このようなステップは、重要かつ必要だと私も考えている。韓国と日本は、北朝鮮の開放を手伝うことができるが、そのスピードが速すぎれば、北朝鮮が恐怖に陥ってしまう。

彼らはコントロールされること、そして結果的に崩壊する懸念を捨てはしないだろう。ただ北朝鮮の指導者や役人が、外国のことをしっかり勉強したいと思っている点を、我々も知るべきだ。

北朝鮮の産業化や開放政策を促すと同時に、彼らにみずからを守るための機会と空間を残してあげることが、第一歩としては必要である。私はこの二つのプロセスを同時進行させることが、これからの数年、10年、あるいは15年の間の差し迫った課題であり、最も優先順位の高い問題だと考えている。

朝鮮半島の将来に関して、私の韓国の友人で、ハーバード大学で博士号を取った金瓊元（キムギョンウォン）という元韓国駐米大使がいる。彼は、数百年以来、朝鮮が中国の影響力の下で独立を守ることが容易でなかったこと、また中国の国力はとても強大だが、朝鮮人の抵抗の精神も強靭で、みずからの独立を守るために抵抗し続けるのが朝鮮人の思想だとも語っていた。私はこの言葉からインスピレーションを得たし、なるほどと思った。

数十年後、朝鮮半島に対する影響が最も大きいのは、おそらく中国だろう。中国の影響力は米国や日本を超えるに違いない。そして、北朝鮮は米国、日本、欧州などの支持を求めながら、中国からみずからを守ろうとするに違いないし、中国の言うことを聞き続けることがあってはならないと考えるだろう。

私から見て、北朝鮮人の外国語能力は高く、彼らは世界各国・各地の状況をとてもよく理解している。もしかすると、この分野において北朝鮮人の能力は、東アジアのなかで最も優れていると言っても過言ではないかもしれない。

私は南北朝鮮が将来的に統一し、一つの独立国家になる可能性はある、と考えている。しかし、進展はそこまで速くないだろう。なぜなら前述のように、北朝鮮が韓国に呑み込まれるのを恐れるからである。

このため、北朝鮮への最大の影響力はやはり中国が持つであろうが、北朝鮮人は米国、日本などと関係を築いていくに違いない。以前、ソ連と中国は北朝鮮の親分であったが、そんななかでも北朝鮮はみずからの知恵と手段を駆使しながら、ソ連に対応する際には中国を使い、中国に対応する際にはソ連を使う、という戦略的柔軟性を見せていた。北朝鮮という国はこのような手法を用いて、みずからの独立性を保とうとするのである。

私自身は、世界中が将来的に南北朝鮮が一つの統一された独立した国家になるプロセスを、サポートすべきだと思っている。ここに来て、南北朝鮮の指導者が面会し、信頼関係を構築しようとしているが、それは良いことだ。

それでも北朝鮮が国内で韓国企業にビジネスをさせないのは、韓国の経済力を恐れているからにほかならない。プロセスを踏みながら一歩一歩前進すればいいし、南北朝鮮の未来や運命は、結局のところ当事者の自助努力と民族的意思によって、推進・決定されるべきである。諸外国はそれをできる限り尊重しながら、みずからの権益や戦略とすり合わせていくのが大切である、というのが私の持論である。

Question

米国と中国は互いにわかり合えるのか

先生は『ジャパン・アズ・ナンバーワン』で、米国人と日本人の行動様式は異なるが、価値観は驚くほど似通っている点を指摘されました。民主主義、自由、透明性、信用システムなどがそこには含まれ、この点は日本人と米国人が一緒に仕事をするうえで、大いに役立ったという論点です。この命題を米中両国に当てはめて考えてみたいのですが、日米と比べて、中国人と米国人の価値観はかなり大きく異なっているように見えます。価値観やイデオロギーのギャップが相互不信を助長している現状と構造は、比較的明白です。米中両国がこれから共同で物事を行い、貿易戦争や南シナ海問題といった難題を解決していくうえで、価値観の不一致という点がどのように影響

――するとと先生はお考えですか。

中国は複雑で多様な社会であり、ありとあらゆる人間がいる。中国にも、行動様式や価値観が、私たち民主主義国家のそれと変わらない人が一定程度いる。

たとえば当時、フェアバンクが重慶で付き合っていた中国人、ハーバードを訪問する中国人学者などである。彼らは比較的開放的で、価値観も私たち米国人とそう変わらない。中国の金融業界と米国の金融業界は一緒に仕事ができるだろう。彼らの価値観はほとんど変わらないからだ。中国にも米国を訪れ、米国社会や米国の価値観に適応したいという人間が一定数いるのだ。

1980年代、日米間でも貿易摩擦は起きたが、同盟関係は崩壊しなかった。日米間における価値観の一致は、日米間の安定的発展に大いに役立ってきた。今日、米中間でも貿易摩擦が発生している。米中は日米とは異なり同盟関係にはないし、トランプ政権は中国のことを「戦略的競争相手」だと定義している。これから貿易摩擦を含めた敏感で重大な問題を処理していくうえで、価値観の問題、そしてその延長線上にある両国指導者、高級官僚などの間の相互理解や信頼は極めて重要な要素になる。

貿易戦争を処理し、解決していくためには、トランプと習近平間の相互信頼や友人関係だけでは足りない。中国側の米国の国務院、ペンタゴン（国防総省）、ホワイトハウス、商務部、財政部のトップや要人に対する理解と信頼、米国側の中国の政治局常務委員、政治局委員、たとえば王滬寧（政治局常務委員、序列5位）、劉鶴（国務院副総理、米中通商交渉中国側代表、政治局委員。1952〜）、楊潔篪（政治局委員）などへの理解と信頼が不可欠になる。ただ、外相と駐米大使を歴任した楊潔篪は米国のことを理解しているが、信頼はしていないようだ。楊潔篪は米国の高級指導者を私よりも知っているし、英語も素晴らしいが、以前米国の悪口を言っていたために、米国側の多くの関係者は彼のことを信頼していないし、友人になることもできないと言っている。

残念ながら、近年、あるいは昨今において、政策に関わる中国側と米国側の指導者、政治家、役人がお互いに信頼関係を構築したうえで両国関係を維持・管理しているとは到底言えない状況にある。

この状況が発生した契機は、やはり冷戦の終結であったと思う。1969年、中国とソ連が紛争をしたあとの10年、ソ連という共通の脅威に立ち向かうために中国と米国は比較的接近し、準同盟的な関係にすらなった。ただソ連が解体し、冷戦が終結すると、中国人は米国を信用しなくなった。米国の国防部はより多くの予算を取るために、国会に対して米国は中国の発展を警戒すべきだと主張するようになった。ワシントンに駐在している中国の外交官も、こうした状況を知っていて、心配になるとよく私たち学者に確認してきていた。

ただ、同時に、米国内にも対中関係を安定させるべきだと主張する人々がいた。中国の政治体制や価値観は米国とは異なるけれども、米中が対抗すれば世界にとって深刻な問題と化してしまう。世界は、米中の協力関係を必要としている、という見方である。

私はいうまでもなく、米中は可能な限りの方法を探し当て、両国関係を安定化させ、そのなかで協力していくべきだと考えている。中国にも、私と同じような考えを持って米中関係に向き合っている学者が一定数いる、と認識している。

米中ともに「相手を変えることはできない」

Question

一人の日本人として、米国と中国双方が、相手国にどんな国になってほしいと考えながら付き合っているのかに関心があります。この問題を考えるうえで、崔天凱中国駐米大使（1952〜）が2018年7月25日、ワシントンのカーネギー国際平和基金で行われた、米中関係をテーマにしたイベントで語った講演は、非常に示唆に富んでいると思いました。少し長いですが、引用します。

米国は過去の数十年、中国を変えることができませんでした。したがって、中国と米国は同じ船の上に乗るべきではない、と主張する人々もいます。我々はこの手の主張を読んできたし、それらは米国の対中政策に深く関わってきた人によって書かれる場合も多いです。ただ私は、中国を変えるというのは幻想であるように思います。米中両国が、一部の関係者の主張するように相手を変えることができるとは到底思えません。中国にはみずからの歴史、文化、政治・経済体制があります。たとえ中国にどのような変化が生じるにしても、それらは中国の悠久の歴史によって決定づけられているのです。いかなる国家も、真に中国を変えることなどできません。

中国を変えることが、米国政府を含めたすべての国家の対中政策目標になるべきではありません。私自身、これが米国の歴代大統領の対中政策目標ではなかった、と信じています。ヘンリー・キッシンジャー博士とこの問題について議論した際、彼は私に言いました。中国を変えることは、当時の自分やニクソン大統領が米中関係のビッグゲートを開かせようとしたときの目標では決してなかった、と。

崔天凱の主張は明確です。米国が対中エンゲージメント政策を展開するなかで、多かれ少なかれ構想に入れていたと思われる「中国の民主化」は、実現可能性を伴わない「夢物語」である、と言っているに等しい内容です。先生はこの言葉を聞いて、どのような感想をお持ちになりましたか。

たしかに、最近一部の米国人は米国と中国は競争関係であり、敵対関係ですらあると考えている。ワシントンでは、米国の近年における対中エンゲージメント政策は失敗に終わった、と主張する人々もいる。私は与しないが、そのような考えが蔓延することも不思議ではないと感じている。

当時、中国は鄧小平路線に沿って世界貿易機関（ＷＴＯ）を含めた国際組織に参加した。中国が国際ルールに基づいて行動するよう促すことにつながるのだから、それは良いことであった。仮に世界最大級の貿易国家である中国がＷＴＯに不参加だとして、ＷＴＯの存在意義は何なのか。中国のＷＴＯ参加は、米国のエンゲージメント政策がもたらした、一つの成果と言えるのである。

私から見て、中国が米国のような国家になることは不可能である。ただし、シンガポールや台湾のようになる可能性は残っている。特に、シンガポールに近い体制になる可能性はあるのではないか。法治があり、人々に一定程度の自由を与えるのである。中国人が求める自由と、米国人が求める自由は異なる。

例を挙げてみよう。一部外国人が北京を訪れたときに安全面の不安を抱かなくて済むように、中国の警察は、外国人に乱暴な態度をとる可能性のある中国人を北京に滞在させず駆逐するか、そのような人物を北京に入れないようにする。中国人はそのような対応を受け入れるが、米国人は受け入れないだろう。

私は、米国社会は米国市民の私有財産や権利を守ることに過敏になりすぎている、と思っている。米国で高速鉄道を建設できないのも、個人の財産や権益を守らなければならないからである。中国であれば高速鉄道を建設しようとするとき、政府にはいくつか打ち手がある。付近の住民に金を渡してそこから出ていってもらう、それでも効かなければ捕まえる、といった具合だ。中国政府には多くの手段があり、スピードも速い。中国人が考慮するのは全国の利益であって、個人の利益ではない。

米国では、そういった施策を取ることは不可能である。かつて、欧州からの移民がやってきてアメリカ合衆国を建国したが、その当時から個人の自由を守ることがアメリカン・スピリッツであった。米国の飛行機や自動車は素晴らしいが、鉄道は非常に遅れている。これは米国の建国の精神、社会の特徴、市民の性格などに帰因している。

中国は異なる。中国人がまず率先して考えるのは、全国人民の利益である。中国政府は、中国人民にそこまでの自由を与えない。中国人民もそこまでの自由を求めてはいない。

中国がシンガポールのように、政府が法律やルールに基づいて行動し、社会や市民にもそれが浸透し、市民に指導者の思想を学ばせるようなことを強要しない国家になる可能性はある。中国にも、有能で開放的な思想を持ち、世界をよく知る役人がたくさんいる。実際に、中国の多くの役人がシンガポールで研修などを通じて学んでいる。

このような背景を考えれば、中国が将来的にシンガポールのような道を選ぶことは可能である。それに、私自身も、中国の将来にとっては、それが考えられる最良の選択なのだと思っている。ただ繰り返すが、前述の理由によって、中国が米国のような民主主義国家になることはない。

習近平に対しても、ひとこと言いたい。

内政面では社会全体により多くの自由を与えるべきで、現状のように緊張させるべきではない。ここでは対米関係に特化して、個人的意見を述べてみたい。

まず、習近平はありとあらゆる方法を駆使して、中国で活動する米国企業を納得させ、自信をつけさせてあげることを通じて、彼らに引き続き中国市場で安心して、大胆にビジネスをしてもらう必要がある。なぜなら、過去の20〜30年間、米国側で米中関係の友好と協力を支持してきた二大勢力は、知識人と企業家だからだ。その意味で、米中関係の政治的安定には、今後とも企業家の支持が不可欠である。そうすることで、米中関係だけでなく中国経済、ひいては政治にとっても有利に働くだろう。

たとえば、米国の議会は、私たち学者の意見に耳を傾けない。しかし、企業家の要求や不満には敏感に反応し、要求を満たそうとする傾向がある。航空機大手のボーイングや、アイオワ州の農民などが昨今のトランプの対中政策に不満を持ち、米国が強硬的すぎる、貿易戦争を戦うべきではないと感じているなら、それを主張すればよい。地元の連邦議会議員に影響を与え、場合によっては局面を打開することだってできる。ゼネラルモーターズ、ＩＢＭ、グーグル、フェイスブックといった米国企業は、国会や政府の政策、および米中関係に影響を与えるだけの発言権を持っているのである。

次に、中国の人民解放軍と国防機関は、米国との衝突を回避すべく、ありとあらゆる方策を取るべきである。

たとえば、中国の尖閣諸島における行動はあまりにも積極的すぎるようである（図5－1）。米国のペンタゴンはそれを受け入れないであろう。私は、当時の鄧小平がとった戦略と戦術は正しかったと思っている。中国が対外的に影響力を拡大することはかまわないが、それらの島嶼で衝突を招くような行動は慎むべきである。中国もこの点は認識しているようだ。一時期は尖閣諸島付近で強硬的な動きが見られたが、その後は自制的になっている。特に領土や主権に関わる問題で、中国が自制的な政策を取ることは正しい。

図5-1｜尖閣諸島周辺をめぐる日中の主張

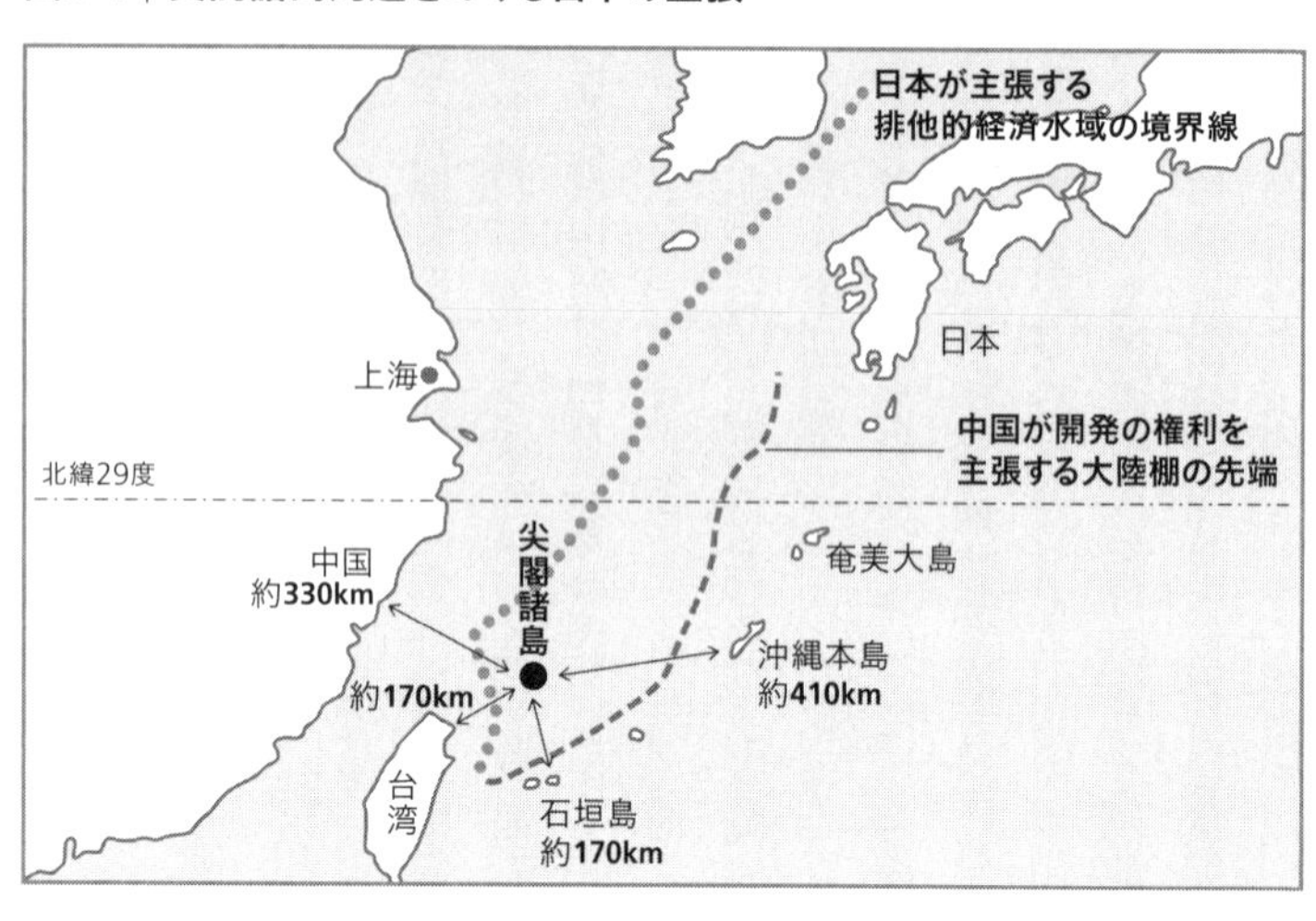

対外的な動きを強める中国企業も、米国市場で公正なビジネスをしたいと考えているようだ。米国政府は基本的に、中国企業の投資やビジネスを歓迎すべきだ、と私は考えている。

ただ、それには条件があることを、中国の政府や企業は肝に銘じなければいけない。まず米国は国家安全を守ること、国家安全に関わる問題では断固とした措置を取る用意があること、それゆえに中国企業は米国の法律やルールに則って物事を行う必要があること、米国の国家安全に関わるような、それに脅威を与えるようなことをすべきではない、といったことだ。

間違っても、中国企業は米国国防当局

の秘密情報や文書を盗もうなどと考えるべきではない。これらのことを自覚し、順守するのであれば、米国は中国企業を歓迎するだろう。さもなければ、米国で多くの人が中国企業に反対するだろう。

近年、米国の大学、メディア、シンクタンク、市民社会などで中国人が一致団結して、官民一体となってみずからに有利な世論を作り出そうとしている。中国の米国社会への「政治的浸透」であるが、なぜこの問題が警戒されるのかという問題も、同じ道理である。中国企業は自制的に振る舞い、米国に受け入れられる手法を習得すべきである。政府、企業、軍隊、メディア、学者を含め、米国が中国に対して抱く警戒心や不信感を中国はきちんと認識したうえで、関連する法律やルールを守ること、そのうえで米国側と付き合っていく必要がある。これは米中両国が交流するための基礎であり、中国側がこの点を自覚し実践することで、米中関係は初めて安定的に推移するのである。

プロパガンダと太子党

Question

ハーバード大学には革命世代の子孫にあたる、いわゆる「太子党」も来ています。先生も政治的に敏感なバックグラウンドを持つ彼らを時に受け入れ、交流をしてきたと思います。昨今の「習近平新時代」において政治環境は緊張しており、西側の価値観に染まっているような人間は場合によっては弾圧される兆候も見て取れます。中国国内で後ろ盾を持っており、かつ米国の社会や西側の価値観を理解する彼らが、中国国内に戻ってどのような役割を果たすのかに関心がありますが、状況は楽観視できないようです。先生は彼らの存在や役割を、中国の健全な発展という観点からどのようにお考えですか。

最近では民族主義的な中国人留学生も多く、「米国は遅れていて、中国が進んでいる」といった短絡的な主張をするナショナリスティックな者も増えているように見受けられる。その根拠が「米国には高速鉄道すらない」といった薄弱な理由であったりするのだ。このような現況は、ハーバード大学で学んだ後に本国へ帰国した中国人留学生が、中国の改革や発展を促すどころか、副作用すらもたらすのではないかといった懸念にもつながる。

特殊な政治的バックグラウンドを持つ太子党は、特に行動に気をつけて、保守的、迎合的にならざるを得ないのだろうが、行動は行動として、彼らが心のなかで何を考えているのかは別問題である。情勢が変われば、彼らの行動も変わるのだと私は信じている。

たとえば、１９８０年代を思い起こしてほしい。文化大革命のとき、毛沢東万歳という政治スローガンやイデオロギーを叫んでいた人々が、文革が終わり、毛沢東が死去したとたん、経済建設と改革開放を推し進める鄧小平と一緒にしっかり仕事をすることができたのであるから。中国の現状や将来を分析する際に、中国や中国人には、そういう柔軟でプラグマティックな文化的性格があることを忘れてはならない。

私が直近で北京を訪れた際、前述した任仲夷顧問委員の孫にあたる任意に会った。彼はハーバードのケネディスクールに1年間在籍したことがあり、私の個人的アシスタントも1年務めていた。彼によれば、現在の指導者は非常に自信を持っていて、彼のような海外留学組も、現在の指導者を支持しているそうだ。ただ、私から見て、このような状況がこれから続いていくのかどうかは、定かではない。中国も、これから多くの問題に直面するはずだ。そこには米国、日本、インド、欧州、オーストラリアなどと良好な関係を構築できるか、という外交的課題も含まれる。

私は2018年9月にワシントンで、20～30人の学者と一緒に会議を開いた。米国はいかにして、米国の大学における中国の政治的プロパガンダに対応し処理するか、というテーマであった。オーストラリアやシンガポールではすでに、中国の政治的浸透力や影響力に抵抗し始めているが、米国もこの問題を真剣に考え、対応していかなければならない。日本や欧州を含め、全世界が、中国の政治的プロパガンダ・浸透力という問題に直面している。国際社会全体で向きあい、対処していくべき問題であろう。私には、中国人が国際社会で実現したい政治的浸透力やいわゆるソフトパワーの輸出が、すんなりと実現するとは思えない。やはり、外交には相手がいる。相手も警戒し、懸念を示してくるからだ。

とはいえ、中国にも頭のいい人材がいる。彼らは状況次第で行動パターンを変える柔軟性を持っている。現在の赤裸々な手法が5年後も続いているかどうかと言えばわからない。私にとって歴史的な比較対象となるのは、やはり文化大革命だ。あれから1980年代になって、とてつもなく大きな変化が生じた。私自身、当時はまったく想像できなかった。この歴史的教訓からすると、今日「習近平思想」に染まっている中国世論やプロパガンダが、5年後に大きく変化している状況も十分に考えうる。昨今、中国の役人に習近平を批判する度量はないし、誰もそうしないだろう。

ただ一部の役人には情勢を正確に見極め、分析する知恵や能力がある。将来的にそれを発揮する余地は残されているのだ。断定はできないが、中国が今後変わっていく可能性を否定することはできない。私たち中国ウォッチャーもそういう歴史的な比較や教訓を尺度に持ちつつ、中国政治をとらえていく必要がある。

本来であれば、ハーバードで過ごした太子党たちは、まさにそういう知恵や能力を持った人材であるべきだ。中国の長期的で健全な発展を、引っ張っていく存在になってほしい。任意は現在、北京の金融業界で働いている。朱鎔基元首相（1928〜）の息子である朱雲来が、かつてCEOを務めていた中国国際金融有限公司（CICC）で働いている。そのほか、于幼軍（山西省省長、文化部党組織書紀などを歴任）の娘である于盈は香港フェニックステレビの幹部で、米国人と同じような英語を話す。

彼らはとても能力があり聡明だが、これからどのような道を歩んでいくのか、私にはわからない部分もある。彼らは米国を非常によく理解していて、中国も非常によく理解している。人間味もあって、人格的にも優れている人間が少なくない。留学後帰国したのも、国内に発展の機会があると踏んだからだろう。ただ10年後どうなっているかはわからない。みずからを発展させつつ、いかに身を守るか、そのためにどう振る舞っていくかは見ものだ。

ただ一つ言えるのは、彼らが政治家になるのは難しい、ということだ。彼らには海外生活・留学の経験があるために、党や政府が彼らを疑ってかかるからである。彼らは100%中国人であり、中国を愛しているが、共産党中央の上層部が彼らを引き上げるとは限らない。私はこの点を心配している。彼らは当然、中央政治局に友人を持っているが、みずからそこへ行こうとはしないかもしれない。常に海外とつながっている、と疑ってかかられるからだ。

一例が、前述の王滬寧である。もともと上海復旦大学の国際政治学者で、学者出身者として初めて政治局常務委員にまで上り詰めた。彼はその後、なぜ外国の友人に会わなくなったのか。理由は明白で、その行動の動機や中国への忠誠心を疑われるからだ。中国政治につきまとうこの事情を考慮すれば、留学経験のある彼らはビジネスの世界でしっかりと実績を残すのが一番安全であろう。政府系の研究機関や大学といったアカデミアも選択肢の一つかもしれない。ただ、政治家として党中央の中枢で活躍するのは難しいだろう。

第6章

国を率いるリーダーたち
——官僚と政治家

第6章の概要

大学に勤務する社会学者でありながら、『ジャパン・アズ・ナンバーワン』や『鄧小平』などの著書を出版した「ベストセラー作家」でもあるヴォーゲル。中国語でいうところの「公共知識分子」、すなわちパブリック・インテレクチュアルと呼ぶにふさわしい、日米中を股にかけた知識人である。同時に、ヴォーゲルほど面倒見の良い教育者はなかなか見ない。ハーバード大学などでお世話になり、塾生だった日本人の多くが感じてきたことだろう。自身なりの思惑や目的もあるのだろうが、年齢、国籍、人種、地位などにかかわらず親身になって付き合う。まさに〝人格者〟という言葉が、その生き様を体現しているように思う。

そんなヴォーゲルは60歳を過ぎて、2年間だけワシントンで役人生活を送っている。クリントン政権時代、同僚で「ソフトパワー」の生みの親でもあるジョセフ・ナイ教授に声をかけられ、国家情報会議で東アジア担当の情報分析官として勤務している。「私が生涯で機密情報にアクセスできたのは、あの2年間だけだ」というヴォーゲルだが、もう少し若い時期にそれを経験できれば、研究や教鞭により効果的に活かされたのではないか、と振り返る。ただ、役人よりも学者としての日々のほうが、自分には合っている、と率直に語っている。

そんなヴォーゲルが、日米中の官僚と政治家を集中的に語ったのが本章だ。日米中関係は構造的に複雑であり、価値観・イデオロギー、制度、経済相互依存、安全保障、国内事情、地政学、国家戦略などあらゆる要素が絡み合う。中国には「形勢比人強（情勢は人間よりも強い）」という言葉がある。複雑な経緯や構造を経て形成された情勢の前では人間の力など無力である場合が多いという意味が込められている。とはいうものの、「最後はヒト」という見方もある。人間、そして人間関係という要素を抜きにして、国家間関係を語ることはできないだろう。ヴォーゲルは、激動の日米中関係のなかで、まさに人間と付き合いながら、人間を通じて国家を分析し、みずからの研究と発信を推し進めてきた。

1973年、初の訪中でヴォーゲルは時の首相・周恩来と会見する。直前に知らされた会見前、周に対して、おおらかな人間という見立てをしていたようだが、実際は硬かった。台湾問題や米中関係についてひたすら中国の立場を頑なに主張し、中国の歴史を長々と語っていたという。それから間もなくして、ヴォーゲルはあのとき周がすでに癌に罹っていたことを知ることになる。

1997年、江沢民主席がハーバード大学で講演をした。この一大イベントを切り盛りしたのがヴォーゲルだった。胡耀邦の死去をきっかけに民主化を求める学生たちのデモを武力鎮圧した「天安門事件」を踏み台に総書記に就任した「共産中国」の指導者を呼ぶことに学内で数多くの反対に遭ったそうだが、結果的にヴォーゲルは巧妙にそれを実現かつ成功させた。詳細は本文を読んでほしいが、このイベントを経てハーバードの中国理解を促進したい、米中関係改善のきっかけを作りたいというヴォーゲルの熱意がにじみ出ていた。

『鄧小平』の著者であるヴォーゲル。今年で89歳になるが、これから胡耀邦元共産党総書記の伝記の研究と執筆に取りかかるという。

シンガポールのリー・クアンユー元首相（1923〜2015）、韓国の金大中などを含め、各国の指導者や政治家と付き合ってきたヴォーゲルに、日本の政治家で印象深く、魅力的に写った政治家を聞いた。

出てきた順に中曽根康弘、大平正芳（1910〜1980）、田中角栄であった。ヴォーゲルが戦後日本で最も敬服するのが中曽根であるが、近年の日本の政治家にはそのような大物政治家が見られないという。〝吉田学校〟や以前に自民党で人材育成の役割を果たしていた派閥がなくなっていることもその要因ではないかと指摘する。このような状況下で、年配の政治家は積極的に若い政治家を海外に連れていき、国際会議などで発表する機会を作ってあげるべきだと提言する。

国会や政府にも、「技術的な問題や手続き的な小事に邁進するのではなく、大きなビジョンや行動力を世界に向けて大胆に示してほしい」と期待を込める。

「伊藤博文（1841〜1909）、山縣有朋（1838〜1922）、森有礼（1847〜1889）といった明治の政治家は非常に視野が広く、行動力があり、思想的にも深いものを持っていた、何より骨太で、自分の理念を持ち、自分の両足で立っていた、武士の魂を持っていた。中曽根もこのタイプの政治家だ」。

安倍首相に対しては、その努力や行動力を評価しているようだ。ヴォーゲルは期待を寄せる政治家として、林芳正参議院議員（1961〜）、河野太郎外相、そして小泉進次郎衆議院議員を挙げる。小泉純一郎元首相（1942〜）は息子の進次郎を育てたと評価する。2019年にワシントンの戦略国際問題研究所（CSIS）で進次郎が行った演説も関係者の間で評判が良く、「日本語でのカリスマ性のある、お父さん譲りの講演力は英語でも健在だった」と絶賛する。

ヴォーゲルがイメージする理想的なリーダーは、日本よりも中国に多いようだ。王岐山国家副主席（1948〜）や李源潮元国家副主席（1950〜）の名を挙げる。ただ中国人は互いに警戒し合っていて、日本人ほど団結していないという。みなが一つの目標に向かって一緒に働く文化は、日本の長所である、と日本人を鼓舞する。

官僚と政治家の特質

Question

最終章では、前の章で議論してきた米国、中国、日本、そしてこれらの国家間の関係を構築するうえで最前線に立つ当事者である「官僚と政治家」というプレイヤーに焦点を当ててみたいと思います。まず、先生は日米中三国の官僚と政治家というテーマを耳にしたとき何を思い浮かべ、どのような問題意識をお持ちになりますか。3カ国の官僚と政治家の間にどのような共通点や相違点、あるいは特徴のようなものを見出していますか。

まず、私の祖国である米国の政治家の間では、最近利己主義が強まっている。自分勝手で国全体や世界全体のことを考えない政治家が増えている。「ポリティカル・アポインティー」と呼ばれる、政治家によって任命される政府内のスタッフも増えている。政策を立案し、実行していく過程で力を持つのが、ますます政治家になっている。この点に関して、昨今の日本と米国双方で同様の状況が発生している。官僚は良い大学を出て、能力が高く、専門的な知識を持ったうえで仕事をしているが、政策や政治における影響力が弱まっているのだ。この現状を私は憂いている。トランプ政権においては、この点が特に顕著である。

翻って日本では、若いときから政治家になる職業政治家が少なくない。それに比べて、米国では若い頃から政治を志し、その道で生きようとする専門の政治家がそう多くない。ワシントンの官僚に優秀な人たちは多いが、今はトランプ政権で職を辞してしまった。政権内部には、大局的な視野を持たない人が増えている。日米がともに抱える政治問題として、正視し、解決策を模索すべきである。

民主主義国家である日米と中国では、政治体制が異なるため単純比較はできない。中国では、政治家と官僚の定義と境界線が曖昧で、明確化されていないという独自の国情もある。ただ私は中国の政治家にある種の印象を持っている。ここでは二つ挙げてみたい。

一つは、多くの政治家は、地方を経験した後に中央で国政に携わっている、という点である。習近平は福建省、浙江省、上海市で共産党のトップを歴任したうえで中央に来た。李克強も河南省、遼寧省で共産党のトップを経て中央に来ている。もちろん、それ以前にも地方の省、市、区、県、鎮といったより小さな単位で長年政治家としてのキャリアを積んできている。このように中国の政治家が総じて「職業政治家」としての確かな経験を、全国各地を股にかけて、時間をかけて育んできているし、それを可能にするための制度も存在し、党・政府内部で機能している。

二つ目に、中国の政治家は腰を据えて学習する機会を持っている、という点である。私が現在、伝記を書くために研究している胡耀邦もそうだった。彼は１９７７年に「中央党校」と呼ばれる共産党中央の幹部育成学校の副校長になった。北京にある同校には全国各地から党の幹部候補が集結し集団で学習をし、人間関係を作る。将来、一緒に仕事をしていくための人脈ができる。

中国は大きく、31の省・直轄市・自治区すべてを網羅している人間などいないから、互いに地元の事例などを学ぶこともできる。私はこの「集団学習」という学びのシステムに関して、中国は良い制度を作ったと思っている。中国の体制が良いかどうかは別として、中国という場所で政治を運営・機能させ、政治家を育成するためにメカニズムとして機能する制度という意味である。

共産党委員会も中央政治局という最高意思決定機関内を含め、政治家たちは幅広く勉強している。各分野の専門家を中南海に招いては集団学習会を定期的に開いている。中国共産党が海外に派遣する視察団はすごい。かつての日本の岩倉使節団を彷彿とさせる。貪欲に学んでいる。鄧小平時代から猛烈に勉強し、党として総合的に問題を考えて解決するための努力をしている。

こう言うと、中国は専制国家だからそれができるのだという反論を受けそうだが、民主主義にこのような学びのメカニズムを構築することができないとは思わない。政治体制の問題ではない。明治時代の日本では、数カ月もの間、視察団を海外へ派遣し貪欲に勉強をしていた。伊藤博文や山縣有朋もそのなかに含まれていた。民主主義国家ではなかったが、国のために何がいいか、何をするのが国のためになるのか、を考える気運がそこにはあった。

初の訪中と周恩来の印象

Question

1973年、先生は米国自然科学訪中団の一員として初めて中国を訪問されました。中国は文化大革命の真っ只中であり、米国と中国はいまだ国交を持っていませんでした。そんな状況下での訪中はいかがでしたか。北京では周恩来総理とも会談されたそうですが、どんな印象を抱きましたか。

当時、中国側は自然科学の学者だけの訪中を要請したが、米国側が数名の社会科学者、特に中国問題研究者も派遣することを求めた。私以外に、中国の歴史、文学、美術を研究している学者が社会科学者の代表として訪中した。そのとき訪れたのは北京、上海、蘇州、南京、広州で、合わせて約3週間滞在した。北京では、国務院総理の周恩来、作家の郭沫若、社会学者の費孝通、あとは北京大学学長の周培源らと会談した。

思い出されるエピソードがある。

当時私たちが北京大学を訪問した際、周はみずから私たちを迎え入れ「歓迎！歓迎！」ともてなしてくれた。その後、もう一人の同僚のほうが北京の状況をよく知っていると言って、その人物にバトンを渡したが、その人物の発言やプレゼンテーションがあまりにも極左で、いかに毛沢東思想、プロレタリア革命が素晴らしいかといったイデオロギーの部分などを一方的に強調する、完全に「文化大革命」時の言語であり、パフォーマンスであった。

1968年末、大統領に選出されたリチャード・ニクソンに提言を書く際を含め、私は周恩来がどういう人物なのかに関心を持ってきた。ヘンリー・キッシンジャーも、私に周恩来に関する印象や見解を求めてきた。

ただ当時、ハーバード大学では《人民日報》と新華社の英字版といったチャネルを通じてしか、中国の状況を知り得なかった。周恩来がどんな人物で何を考えているのかも、わからなかった。周恩来と会談する前日、私たちは喬冠華外相（1913～1983）と会って、事前のコミュニケーションを取った。

周恩来に会うことは、直前まで知らされていなかった。突然、中国側の関係者から「要人に会うから用意してくれ」と言われ、我々、訪中団の団員は宿泊先の北京飯店から車に乗り、長安街から西側にある人民大会堂へと向かった。

道中、私はおそらく自分たち訪中団が面会するのは周恩来だろう、とは予想していたが、蓋を開けてみると本当に周であった。彼の第一印象は〝硬い〟ものだった。おおらかな人間だと伺っていたが予想と違っていた。周は終始「偉大なる指導者」を演じていた。その後わかったのだが、周恩来はあのときすでに癌にかかっていたのだ。おそらく病気のせいもあって、険しい表情をしていたのだろうと思う。

毛沢東の英語通訳も務めた唐聞生が通訳をしていた。約2時間にわたる会談で、台湾問題や米中関係に関する中国の立場を厳しく語り、中国の歴史を長々と語った。

また環境問題についても「1920年代英国は石炭を使って経済を発展させたが環境問題を引き起こした。現在の中国も、同じ問題に直面している」と力説していた。彼は中国の状況をよく理解しており、敬服するに値すると思った。そのような国際政治の舞台でも、非常に重要な人物と交流できるのは幸運であると感じた。ミシガン大学から来ていた社会科学の学者が歴史に関する質問をしたが、私は何も尋ねなかった。

周恩来が文化大革命期間中、しかも米中両国が国交を持たない状況下で私たちを招き入れた目的は、中国の科学者と米国の科学者を交流させ、面識を持たせ、中国の科学技術界を発展させる狙いがあったのだろうと考えている。

ただ、周恩来と同席していた中国側の出席者はみな緊張していて、意見を述べることに恐怖を覚えているように私には映った。文化大革命中であったから無理もなかろう。

当時、私に深い印象を与えたのが夏書章・中山大学元副学長である。1980年の夏、私は広州にある同大に2カ月滞在したが、そのとき夏は副学長を務めていた。1973年の初めての訪中時、中国には「革命委員会」という組織があった。中山大学に2~3日滞在したが、私たちはそこで同委員会の代表たちと会談した。彼らが私たちに語ってきた言葉や主張はすべて極左のスローガンであり、聞き苦しかった。

会談が終わり、出席者たちは外へ出て歩き始めた。一対一で真の交流をするよいチャンスである。私が歩いていると、一人の男性が近寄ってきて、私に語りかけた。「あなたはハーバードの先生だろう」と言うので、私はそうだと答えた。彼は1946年にハーバードに1年間滞在したことがあり、この人を知っている、あの人を知っていると言ってきた。

この人物こそ、夏書章だった。私たちは比較的リラックスしたムードで歩きながら、30

分ほど話をした。特に秘密の内容はなかったが、極左思想とも感じなかった。彼が心の奥底で何を考えているのか知ることができたのはよかった。その後、彼は1970年末にもハーバードへ来て、教育学部に1年間滞在し、私の自宅の2階に住んでいた。最近になって私は、夏の孫からメールを受け取った。ボストン大学に留学に来るので、私と連絡を取りたいという。こうして人脈がつながっていく。

私はこのようにして人を知り、友人になり、中国の真実を理解するための布石を打ってきた。友人は、多くのものを運んできてくれる。友人にさえなれば、本当のことを話してくれる可能性が高くなる。私は友人の立場を理解するように努めるし、相手が言いにくければあえて聞かず、その表情や仕草から相手が何を考えているのか、話していることが信頼するに値するのか否かを判断するのである。

友人を作ることは、私の生涯にわたる研究生活にとって極めて重要だ。夏書章は今年100歳になる。私は来年90歳になる。私たちはまだ生きている。そして友人なのだ。

鄧小平を知るカギは「家庭」だった

Question

先生は以前から、人と付き合いやすい、調査や取材の対象にアクセスしやすいといった点から、日本研究のほうが中国研究よりもやりやすい、と述べられています。中国の指導者や研究者が、実際に心の底で何を考えているのかを把握することは総じて難しいようですが、先生はご自身が鄧小平のことを理解する際にどのような点を心がけられましたか。

私は、自分が鄧小平についてかなり的確に理解している、と思っている。鄧小平の実子たちによる、父親に関する描写がそれを支えてくれたし、彼らの生々しい証言から、父親がどんな人物だったのかを可能な限り知ることができた。

私が鄧小平を研究するうえで、「家族」あるいは「家庭」というのは重要な切り口であった。私自身、博士論文は家庭問題を題材にして書いた経緯もある。

鄧小平の家庭は、特殊だった。中華人民共和国の建国前、彼は軍隊に参加していて、最初の子供はほかの人によって育てられた。妻ですらほかの人によって世話されていた。

彼が最終的に「家庭生活」を送ることになったのは、新中国ができて四川省に住んでいた頃からだろう。その前は「軍隊生活」しかなかった。鄧小平の娘たちが私に証言したところによれば、鄧小平は一般的な父親とは違って厳しくしつけるようなこともなく、父親というよりは友達のような感覚だったらしい。家庭生活は良好だったが、多くの人間が子どもたちの面倒を見ていたこともあり、親子関係としてはそこまで密接にはならなかったようである。

私がこれまで出版した書籍のなかで自分が最も納得しているのが、この『鄧小平』である。執筆のためにかけた時間も10年と最も長く、最大の労力を投入した。多くの資料を読み、多くのインタビューを行って完成させた。

新中国建国以来、中国を変えたという角度から言えば、最大の功労者は鄧小平だったというのが私の見方である。特に20世紀における中国の発展に最も貢献した人物は、鄧小平だった。私自身、『鄧小平』を通じてそんな鄧小平を描き、世の中の中国研究に貢献できたこと、良書を提供できたことを嬉しく思っている。

この本は２０１３年1月に中国大陸でも出版された。ちょうど習近平政権の発足と時期が重なり、習近平は深圳市にある鄧小平の銅像を拝み、改革開放、すなわち鄧小平路線を継承し、推し進める姿勢を露わにしたように見えた。私の『鄧小平』に対しては90％以上の評価はポジティブであったようだ。中国語の翻訳も素晴らしく、私は彼らの仕事に感謝しているし、出版をめぐるプロセス全体を大いに楽しんだ。

いま『胡耀邦』を書く理由

Question

ヴォーゲル先生は、鄧小平に次ぐ中国指導者の研究・執筆対象として、胡耀邦を選ばれました。なぜ今、胡耀邦を題材として選んだのですか。動機や背景について、教えてください。

鄧小平のときもそうだったが、私は自分のなかでこの人物なら理解できる、理解する術がある、ということを、ある程度まで確信して初めて、研究・執筆に取りかかるようにしている。私はこれから、胡耀邦の伝記を書こうとしている。

ではなぜ今、胡耀邦を書くのか。理由は三つある。

第一は、多くの中国人が胡耀邦のことが好きで、敬意を表しているからである。

第二に、胡耀邦の思想は比較的開放的で、この点が私の胡耀邦理解と研究に有利に働くからである。同時に、中国の将来的な発展が、思想の広がりを前提としたプロセスになるように、私も一人の中国問題研究者として、胡耀邦に関する研究と執筆を通じて中国の健全な発展のプロセスと方向性を後押ししたいと考えている。

第三に、胡耀邦と、習近平の父親である習仲勲は、親友であり同志のような関係であった。習近平自身も、胡耀邦のことを尊敬している。胡耀邦も、習近平の面倒を見たことがあるからだ。胡耀邦の夫人が亡くなったとき、習近平も告別式に参列している。

また、鄧小平について書いたときと同様、胡耀邦を書くに際しても、いわゆる人脈が必要になる。たとえば、《炎黄春秋》誌の編集長を務めていた呉思がハーバード大学にいる。彼との議論から、胡耀邦の研究を展開することもできる。ハーバードにいれば、中国問題に関する何らかの調査研究が可能になることが多い。

そして、胡耀邦の息子である胡徳平と、胡耀邦研究で知られる李盛平の二人は、私が胡耀邦を研究し、執筆する過程で重要な作用をもたらすだろう。胡徳平は私が彼の父親を分析することに非常に興奮していて、早く執筆に取りかかるよう迫ってきている。李盛平と一緒になって、私に頻繁にプレッシャーをかけてくるのだ。この二人が私の胡耀邦研究を支えてくれるのであれば、鬼に金棒だ。研究と執筆を含めて、これから3～4年はかかるだろう。私がまだ生きていて、身体にも問題がなければ、一生懸命書き続けるつもりである。

若手の政治エリートを育成する組織で、胡錦濤、李克強、胡春華（1963〜）といった政治家の系列でもある共産主義青年団も、私が胡耀邦を理解・研究するうえで不可欠なプラットフォームである。胡耀邦はしばしば、全国各地の田舎や農村まで足を運んでは、実態の把握に努めていた。彼は3分の2の県（おおよそ日本の〝町〟に相当）には行ったことがあるそうだ。私は、胡耀邦が共産主義青年団で働いていた頃の仕事の状況を、しっかり研究するつもりである。胡耀邦を理解するために避けては通れないパーツであり、時期だと考えている。

一つ、私が胡耀邦研究に積極的になれたのは、胡耀邦が「おしゃべり」で、往々にして口が軽かったためである。この性格は、彼の政治生命にいくらかのトラブルをもたらしたが、私のような研究者には願ってもないことだ。彼の語録から生々しい胡耀邦を知ることが可能となるからである。

李盛平が以前、私を江西省にある共青城市に案内してくれた。そこには、胡耀邦のお墓がある。私も胡徳平と李盛平を通じて、共青城市の県で胡耀邦と一緒に働いたことのある役人や、すでに引退した老人らと交流したい、と考えている。彼らが私に本当のことを話してくれるかは、わからない。私も彼らに迷惑をかけたくはない。複雑な仕事になることは間違いないが、私は二人の力を借りながら、広東省時代から続けている実地調査を通じて胡耀邦の研究と執筆に挑んでいくつもりである。

ワシントンで役人として過ごした2年間

Question

1993年から1995年の2年間、先生はワシントンD.C.に赴き、国家情報会議(National Intelligence Council: NIC)で東アジアの統括官として国に奉仕されています。当時はどういう経緯でワシントンに行かれることになったのですか。先生の長い学者人生のなかで政策立案に直接関わる役人としてお仕事されたのは、この2年間だけだと理解しています。実際に、役人として過ごされた2年間の経験は、先生のその後の研究にどんな作用をもたらしたでしょうか。

クリントン大統領が、ジョセフ・ナイ教授をNICの主任に招いたため、ナイがハーバードで長年同僚だった私に声をかけ、一緒にワシントンへと赴いた。当時、ナイがハーバードで声をかけたのは、私だけだった。彼はオックスフォード大学でローズスカラー(同大大学院生に与えられる世界最古の奨学生制度)だったこともあり欧州事情には精通していたが、東アジアに関しては詳しくなく、彼はずっと自分より2～3歳年上の私のことを〝先生〟と呼んでいた。私は彼に東アジアのことをしっかり学ぶよう、奨励し続けた。私たちは、知識や情報を交換・補充しあって歩んできた。

米国政府のなかでは国防部、国務院、財政部などもインテリジェンス機能を持つが、NICはそれらの機関の上にあり、あらゆる情報を総合的に収集・統括し、分析する機能を持っていた。

NICの組織構造に関しては、ナイの下に11人いた。欧州、ロシア、アフリカ、東南アジアを担当する統括官がいたが、私は日本、中国、韓国などを含めた東アジア担当の統括官であった。環境問題など国内を担当する統括官もいた。

私たちは毎週2～3回会議を開くために12人全員で集まった。一緒に全世界の問題を議論したのである。私は東アジア諸国の公開情報や資料のほか、政府内の機密情報や報告書にも触れることができた。生涯、私が機密文書に触れることができたのは、ワシントンで働いたあの2年間だけである。

当時、私は日本を含めた東アジア情勢に関して上がってくる情報をもとに、総合的に分析し、ナイやクリントン大統領に助言した。日本の情勢についても多くを分析し、対策を練ったものだ。

1993年のことなので、米国国内には日本経済に対して厳しい見方も多かった。反対的な意見もあった。背景には、1988〜89年くらいから日本が傲慢になっていたことがある。

当時、米国の駐日大使は、後に副大統領まで務めることになるウォルター・モンデールだった。彼と日本の関係は良好で、私と大使の間でも多くの共通見解があったので、私たちは良き友人となり、それだけでなく「同志」にもなった。そのほか、当時の駐中大使はステープルトン・ロイで、彼だけでなく、駐韓国大使と私の関係も良かった。

彼らの思想は、開放的だった。当時のワシントンでは、トランプ政権の今日ほどではないにしても、考え方が狭隘な人間が少なからずいた。彼ら駐外大使は私がワシントンで分析した情報や報告を必要とし、私も彼らから上がってくる情報を必要としていたから、互いに綿密に連絡を取り、良好な関係を構築できたのだ。

私はワシントンで勤務した2年で、多くを学んだ。外交をより深く知り、政府の仕事や国会との関係などを理解する機会に恵まれた。当時の経験や人脈が今日まで役に立っていることは間違いない。

たとえば、モンデールは私をミネソタ州に招いて演説をさせてくれたし、私もハーバードでアジアセンターを設立する際（1997年）に彼を招いた。私たちの間には、そういう往来が続いている。ロイとの付き合いも続いている。彼は非常に有能で、私は彼こそが、ワシントンで最も中国問題と対中政策に精通した人物だと思っていた。

ただ一つ残念だったのは、私が当時すでに63歳だったことだ。仮にもう少し若い時期にこの機会に恵まれていれば、自分の学者としてのキャリアにも、より良い形で活かせただろう。そして、ハーバードでの教鞭や分析能力も、向上したのではないかと思う。ワシントン滞在期間中、栗山尚一駐米大使や楊潔篪駐米大使ら、外国の外交官とも頻繁に会い意見交換をした。月に1回くらいは会っていたと思う。そのほか、韓国、ベトナムなどの政府代表とも頻繁に会った。

ワシントンの雰囲気はボストンとは異なり、あの地で役人として過ごした2年間を経て、自身が役人より学者に向いていることを再確認できたのも大きな収穫だった。正直、ワシントンにおけるいくつかの雰囲気に、私は終始慣れなかった。なぜならば、ハーバード大学の同僚であるグレハム・アリソン教授やジョセフ・ナイ教授らは、若い頃からワシントンに赴いてワシントンの大物と人脈を築き、ワシントンで政策シンポジウムに参加するなどして影響力を拡大すべく努めてきたが、私はそれをしてこなかった。私はボストンにおける学者の大物たちとは人脈を築き、ともにイベントに参加したりしていたが、ワシントンで私は人脈を持たなかった。そんな私がワシントンという政治の中心、政策の中枢の地で「大人物」になれるはずもない。

それに、私はいわゆる「やり手」ではなかった。「やり手」として何か大きな政策を動かしたり、影響力のある政治家を動かしたりという手腕に長けていなかった。ただアリソンやナイは、若い頃からワシントンの政策・政治ネットワークに深く入り込んでいたから、それに長けていた。2年間の勤務を通じて、それに気づいたのである。

ヘンリー・キッシンジャーとの縁

Question

第5章で議論したように、ニクソンが大統領に当選後、先生はハーバードの同僚とともに、これからできる新政権に中国との関係樹立に関する提言を行うべく準備されました。そのなかで、もともとハーバード大学の教授をしていたキッシンジャーは先生らと、ホワイトハウスをつなぐ一つの架け橋のような役割を担ったのでしょうか。

また、先生ご自身はそれ以前からキッシンジャーのことをご存じだったのでしょうか。

お二人のめぐり合わせに興味があります。


前述のように、1970年になり、私たちは再び中国との国交正常化、およびいかにしてニクソン大統領に効果的な提言をするかという議論を開始した。ベトナム戦争がすでに勃発していたある日、キッシンジャーが古巣のハーバードに帰ってきて、ハーバードクラブで夕食をともにした。彼は中国問題を議論したがったが、私たち教授陣が終始米国のベトナム戦争への対応を批判したために、キッシンジャーは少し辟易としたようだった。

食事後、彼は私を含めた2～3人を呼び寄せ、プライベートで5分ほど話をした。彼は、これから交渉相手となる周恩来や中国の基本的立場や政策について聞いてきた。私は主に、台湾問題について説明をした。台湾問題こそが最大の問題であり、交渉の難題になる、と私は考えていた。

キッシンジャーは、私たちハーバード大学の教授陣における周恩来への理解など浅はかなものだ、と感じたようだ。それも無理はない。当時、私はまだ中国へ赴いたことがなく、周恩来への理解も新聞や雑誌を通じた表面的なものでしかなかったからだ。その後、キッシンジャーもみずからの著作で回顧しているように、当時、周恩来がキッシンジャーと話し合いたかったのは台湾問題だけでなく、世界情勢全体の問題だった。この点に関しては私も、そしてキッシンジャーも、予想していなかったのである。

私とキッシンジャーとの個人的関係に関して、ホワイトハウスに手紙を送った当時、私は彼本人と面識があるわけではなかった。ただハーバードで大学院生をしていたとき、彼はスタンレー・ホフマン教授と一緒に授業を開いていて、私はゼミのような授業に2～3回参加したことがあった。私は彼を知っていたが、彼は私を知らなかっただろう。

ただ、その後、ホワイトハウスに勤務していたキッシンジャーが返信してきたとき、私のことを「エズラ」とファーストネームで呼び、親近感を表現していた。その後、私がホワイトハウスまで赴いて中国問題を議論した経緯などを経て、キッシンジャーと私は知り合いになった。

キッシンジャーがハーバードに帰ってきて、周恩来に関する議論をした際にも、私はそれなりに中心的な役割を果たしたと思っている。

キッシンジャーからの返信（1971年5月12日。191ページ写真参照）には「提言をありがとう。非常に役に立つ。これから情勢はより複雑になっていくだろう。ぜひ引き続き提言をいただきたい。私たちが1日も早く一緒に仕事ができることを願っている」と記してあった。

ただ、この返信は私から見て、若干、外交辞令に思えた。私はみずからが書いた提言が、そこまで重要であるとはとらえていなかった。ホワイトハウスは私以外からも提言を記した手紙を受け取っていた。たとえば、ワシントンにいたドーク・バーネット（中国問題、米中関係専門家、コロンビア大学、ブルッキングス研究所などに勤務）とホワイトハウスとの関係は、より緊密であっただろう。

江沢民のハーバード講演

Question

ワシントンでの役人生活を経て、先生はハーバードに戻られました。その後の1997年、先生は江沢民国家主席のハーバード大学での講演を実現すべく直接担当することになります。当時はどのような経緯と考慮で、江沢民という天安門事件を〝踏み台〟にして最高指導者に成り上がった人物をハーバード大学という米国の最高学府に呼ぶことになったのですか。また先生から見て、江沢民はどんな政治家でしたか。

1997年、当時の江沢民国家主席のハーバード講演を統括し、実現したことは、私にとって重要な思い出だ。

90年代初頭、ハーバードの教授陣は、天安門事件の影響もあって中国を嫌悪し、江沢民を招待することに反対していた。しかし私はそういう複雑で敏感な時期だからこそ、江沢民という現役の国家主席をハーバードに招いて、米中間の相互理解と信頼を深めることが重要だ、と考えていた。その後、ハーバードの学長と大学指導層からの支持を得たことによって、私は初めて本格的に準備に取り掛かることができたのだ。

江沢民のハーバード講演に関与した中国側の関係者は、私が多くの仕事をこなしたことを知っているはずだ。当時、ハーバードには公共衛生が専門の王寧という教授がいた。現在は、イリノイ大学の教授でみずからのラボと4～5人のアシスタントを持っている。武漢人で華中科技大学を卒業した彼は、毎年武漢に帰省し、同大にもみずからのラボを持っている。彼は私の良き友人で、中国国内にも多くの人脈を持っていた。彼が私に紹介してくれた複数の人間も、江沢民との間のチャネルになってくれた。

江沢民の来訪を実現するために中国に3回飛び、関係者を説得すべく試みた。中国、マサチューセッツ州ケンブリッジの警察が警備のための相当念入りな準備や意思疎通をしていた光景には、衝撃を受けた。私は以前にも江沢民に会ったことがあり、彼を一定程度理解していたから、それほど心配はしていなかった。

講演当日、江沢民の安全を考え、聴衆に開始1時間前に会場入りしてもらい、ハーバードの4人の教授陣に中国の政治や歴史、経済などに関する講演をしてもらった。江沢民来訪を機に、ハーバードでの中国理解・議論を深めようと試みたのだ。この点も江沢民のハーバード講演が成功した一つの要因だろう。同時に、会場の外で行われる反対デモやラッパの音をできる限り軽減するための設備を配置するなどして、念入りに準備を進めた。もっとも、江沢民にもそれらの音は聞こえていたし、そのうえで対応していた。

江沢民の講演アジェンダを設定する過程には、物語があった。当時、江沢民自身は学生からの質問に答える形式を取ることに乗り気であった。ただ江沢民の部下たちは、そんな状況を懸念していた。

したがって、私は中国駐米大使館の幹部らと意思疎通を図るべく試みた。私は当時同館で公使を務めていた周文重に対しておそらく一部批判的な質問が投げかけられるだろうが、ユーモアを持って答えてほしいと伝えた。

実際に、江沢民はそのように学生からの敏感な質問に答えていた。彼の当日のパフォーマンスは、なかなか素晴らしかった、と思っている。江沢民と私の連携も、良好だった。江沢民はハーバードで、中国がいかに開放的で、世界と意思疎通を図っていける国家であるかを、最も訴えたかったのだと感じた。実際に、江沢民は過去にも、科学代表団の一員としてハーバードを訪問している。上海交通大学という名門大学の卒業生として、江沢民がハーバードに対し、好感と敬意を抱いていたのは間違いなさそうであった。

国家主席として訪問と講演を成功させた江沢民は、その後、私と会うたびに〝Old Friend! Prof Vogel〟と親しみを込めて呼んでくる。私も彼を〝老朋友〟だと認識している。

印象深かった各国の政治家・指導者

Question

先生はこれまでハーバードを拠点に、世界各国の政治家や指導者と付き合ってこられたと思います。私がハーバードにいた2年の間、先生からゴー・チョクトン・シンガポール元首相（1941〜）、ケビン・ラッド・オーストラリア元首相（1957〜）を直接ご紹介いただき、キャンパス内で議論させていただきました。先生がこれまで縁を持った各国の政治家のなかで、印象に残っているのはどなたですか。

私がハーバードを通じて親交を深めた日中以外の政治家で言えば、韓国では金大中がよかった。彼には骨がある。本物の政治家だ。私は韓国のカウンターパートとともに朴正熙についての本を編集したことがあるが、朴も真の政治家だった。潘基文はリーダーというより、従順な役人という感じ。真面目で素晴らしい人間で、1日15時間働くこともできるが、政治家の器ではない。

シンガポールの指導者も、印象深かった。リー・クワンユー元首相は個人的に親しかった。彼の優れた素質の一つは、人材をみずからしっかり育てようとすることだ。

私が1979年に『ジャパン・アズ・ナンバーワン』を出版した後、彼は私をシンガポールに招き、政府の各省庁の役人たちとの交流の機会を設けたものだ。シンガポールは、国は小さいが、国防、財政などを含め各部門の軍人や役人に広範な経験を蓄積させることで、国家の統治能力を持続的に強化しようというのがリー・クワンユーの戦略だった。彼の息子リー・シェンロン元首相（1952〜）や首相を務めたゴー・チョクトンもよく知っている。

リー・クワンユーと比較すると、日本の政治家は人材の育成に長けておらず、積極的でないように見える。多くは政府部門の大臣止まりで、真の指導者ではないようだ。

私がずっと好奇心を持ってきた問題に、中曽根康弘がなぜみずからのような政治家・リーダーを育成しなかったのかという点がある。日本の自由民主党では、以前は「派閥」が人材育成のメカニズムそのものであった。ただ現在に至っては、その機能も大分脆弱になっているようである。

今や、同党の重鎮たちは、若い政治家に力を発揮させようとしていないように見える。若者や新人は言うことを聞いていればいい、という年功序列のスタンスだ。それでは人材は育たないし、若者は自信や経験を蓄積できない。結果的に、日本のためにならない。この人材育成と国の将来という関係性において、日本も中国も同じような課題に直面していると言えよう。

私が想起するのは、いわゆる「吉田学校」だ。最初は官僚だった人間が、一定の地位まで上り詰めたら辞職して、立候補して政治家に転身するというアプローチである。彼らは自分に自信があって、大きな人物にもなっている。

日本の政治家で、印象深く、魅力的に感じたのは次の3人だ。

一人目が中曽根康弘。彼は能力に長け、自信に満ちて、日本が直面していた実質的状況をよく理解していた。彼は1950年頃ハーバードに来て、2~3カ月滞在している。当時はヘンリー・キッシンジャーが手配したと思う。私はあの段階では中曽根を知らなかった。

おそらく、あのときの経験が中曽根の国際社会への視野を広げ、外交に興味を持たせたのではないだろうか。1970年代にも彼はハーバードに来て講演をしている。英語に堪能ではなく、通訳を通じてだったが、聴衆は良い印象を持ったようだ。彼は第二次世界大戦中に軍隊にいたから軍の機能についても理解している。内務省でも働いたことがあるから行政への知識や経験もある。

二人目が、大平正芳。エドウィン・ライシャワー(1910~)が駐日大使だった際に、最も仲が良かったのが大平だった。彼がキリスト教徒だったことも関係していたのだろう。彼は話し方に特徴があって、モゴモゴしていて聞き取りづらいこともあるが、人格は素晴らしく、思想も開放的だった。

東京大学の教授だった佐藤誠三郎など学者の力をうまく使い、政治に応用していた。佐藤と私も仲良しだったから、よく彼の口から大平について伺っていた。大平は旧大蔵官僚出身だが、大蔵省出身の人は大概良いブレーンを持っているというのが私の印象だ。ただ彼は奢ることなく、質素で謙虚なタイプの政治家だった。

三人目が、田中角栄。前の二人とは違って直接の面識はなく、彼は学者ではないためタイプも異なるが、私は非常に興味を持っていた。学歴は低いのに物事を推し進め、解決する能力に長けた人だなと感じていた。たしかにリーダーだった。あの時代の政治家は、彼に頼って多くの仕事をしたし、多くの問題を解決していた。

田中と大平は、1972年に日中国交正常化を実現した際の首相と外相だ。この二人は戦前に中国に行き、一定期間滞在した経験を持っていた。当時、日本と中国は敵対関係であったにもかかわらず、彼らは中国に知り合いがいて、友人すらいた。中曽根も胡耀邦と緊密な関係を持っていた。三人とも、中国と直接関係があるわけではないが、いずれも中国と密接な関係を持ったうえで、政治や外交に挑んでいた経緯があるのは興味深い。だから、この三人を選んだ。

日本は将来を担うリーダーをどのように育成すべきか

Question

先生は昔と比べて、今の日本は世界に通用するリーダーを育成しにくくなっていると明確にお考えになっているようですが、不確実な時代に国を導けるリーダーはいかにして育成できるのでしょうか。日本は2020年に東京五輪を開催します。国際社会へ向けて「日本」を発信するチャンスである、と多くの日本人が思っています。これを機に、政治だけでなく、ビジネスや文化といった分野でも、世界に通用する発信力や存在感、そしてそのための「言語」を持つ日本人を、少しでも多く輩出していくことが令和時代のミッションであるように私は思いますし、祖国の多くの同世代もそう信じて疑わないと思います。

国会も政府も、技術的なことや手続き的なことなど小事にこだわるのではなく、大きなビジョンや行動力を世界に向けて大胆に示してほしい。日本人は基本的に小さく細かいことには長けているが、大きなことを実践する際には萎縮してしまう傾向がある。私は今こそ日本人は大胆に物事を考え、大胆に行動すべきだと思う。私のヴォーゲル塾の学生たちにも日頃からそのように伝え、鼓舞しているのだが、なかなか変わらないようだ。

ここでは、やはり政治家に特化した議論をしたいが、昔の政治家に比べると、昨今、中国と深いパイプやつながりを持った日本の政治家は少ないようだ。ただ、中国との関係を安定的に維持していくためには、人間的な関係や付き合いがとても大切だと私は考える。ただ、今となっては当時の田中、大平、中曽根のように中国と付き合ってきて、中国に友人もいて、中国に深い理解を持つ政治家はいなくなっているようだ。この点は日中関係の今後を考えるうえでも一つの不安要素である。

そんななか、昨今の日本の政治家で私が注目し、日中関係の分野で多いに力を発揮してほしいと願う一人が、林芳正だ。中国への理解は、田中や大平には及ばないかもしれないが、彼はハーバード大学ケネディスクールにも留学した経験があり、私も交流したことがある。視野が広く、優秀な政治家だと思う。河野太郎もよい。英語が堪能で国際的視野がある。父である河野洋平（1937～）の背中を見て、政治家としての素養を育んでいったのだと思う。私は河野に期待している。日本国内ではなく、世界的なリーダーになる可能性がある。

外相を経験したことのある岡田克也（1953〜）も、能力がある。彼はハーバード大学の日米センターにも滞在したことがあり、当時私はセンターの幹部を務めていたのでよく知っていて、交流もした。私も、彼のことが大好きだ。彼はやや硬いが真面目で、政治家というよりは官僚だ。旧通産官僚を務めていたから無理もない。勤勉で信頼の置ける人物で、一緒に働いて心地よいタイプだ。だが岡田はあまりウェットな人間ではないようだ。その点、林はウェットな人付き合いもいとわないタイプだ。

タイプの違う二人の政治家だが、中国とのパイプになり、人間味を生かしながら中国側との関係性をマネージしていくには林のほうが適任かもしれない。中国と付き合うのにはウェットな人間性と人間力が必要だ、と私はみずからの経験上思っている。

私がよく知っている政治家に、宮沢喜一元首相（1919〜2007）がいる。彼は英語が堪能な知識人型の政治家だが、私が前述した三人のような骨太感はなく、上に立って引っ張っていくリーダーではなかった。彼の甥に宮沢洋一（1950〜）がいて、私はよく知っている。彼もハーバードで2年間学んだ。ある夏に日本に滞在したら、彼は快く自分の部屋を使わせてくれた。彼を通じて宮沢家の関係者とも知り合いになったが、総じて官僚タイプであった。官僚と政治家は異なる。ヴォーゲル塾でも感じているが、日本の若い世代にも潜在力のある人材はたくさんいる。問題は彼らをどうリーダーに育てていくかだろう。

私自身、日本の政界がどのように人材を育てていくかに、非常に注目している。昔は、派閥が人材育成の役割を果たしていた。今はこの機能が弱っていると感じているが、果たして代わりとなるプラットフォームはあるのか。誰が小泉進次郎を育てているのか、気になるところだ。

私は日本の年配の政治家が、若い政治家を中国、欧米、シンガポールなどにどんどん連れて行って国際会議で発信させるべきだと思っている。伊藤博文、山縣有朋、森有礼といった明治の政治家は非常に視野が広く、行動力があり、思想的にも深いものを持っていたと私は考えている。そして何より骨太だった。自分の理念を持ち、自分の両足で立っていた。武士の魂を持っていた。

中曽根康弘も、このタイプの政治家だ。これからの日本を担う日本の政治家も彼らのような素養や視野を持つべきだと信じて疑わない。ただ「二世」政治家の多い日本では、中曽根に限らず、同じく政治家になったみずからの息子をどう育ててきたのかが日本の将来に大きく影響する。

この点、小泉純一郎は息子の進次郎をしっかり育てた、と私は考えている。彼は「大人物」になるだろう。2019年5月初旬、彼はワシントンにある戦略国際問題研究所（C

SIS）にて英語で講演をしたが、とても良い印象を私たちに与えた。日本語でのカリスマ性のある、お父さん譲りの天性の講演力は英語でも健在だった。

Q

米国の二世議員はどのようにみずからの政治家としての資質や能力を育んできたのですか。ともに大統領になったブッシュ親子などは政治家のサラブレッド一族だと思いますが、親は息子をそもそも育てるという意識を持ってきたのか、どのように育ててきたのか。この点、先生はどうお考えですか。

私も不勉強で細かい部分まで網羅しているわけではないが、米国の二世議員は、親が息子を育てるというよりは、息子が自分で親の背中や行動を見ながら自然に育っていく、というイメージを持っている。それに、たとえば米国人が政治家としての話術を身につけようとする場合、そのための手段やチャネルは至るところにある。「二世」としての身分に依存して、政治家としての能力やキャリアを積み上げていく必要性は、必ずしもないように思われる。

時代遅れな考え方かもしれないが、日本の政界で「人材の育成」と言ったとき、やはり派閥は一つのプラットフォームになるのではないか、と考えている。ハーバードでも多くの政治家になれそうな日本の若者に出会ってきたが、今後彼らがどうみずからを鍛えていくか。私は、彼らが「上の人間」に潰されてしまう、あるいは潰されてしまうのを恐れるがあまりに萎縮してしまうのではないか、と心配している。

「出る杭は打たれる」という日本の文化は、日本の人材育成という観点からすれば極めて残念な現象である。私から見て、安倍晋三はある意味で日本の政界に育てられてきた政治家であり、彼には武士のような雰囲気も漂っている。ただ日本にそのような人材は少なく、日本の未来の発展に必要な人材をどう育成していくべきか。私自身も引き続き考えていきたいと思っている。

以前、ソニー、パナソニック（旧松下電器産業）、ホンダといった企業はリーダーの育成に汗を流していた。ソニーの盛田昭夫、パナソニックの松下幸之助、ホンダの本田宗一郎らは自分たちも大物でありリーダーであるが、彼らは会社を創設し、経営すると同時に、その後継者となる人材の育成に尽力していた。

ただ、私の日本企業への観察からすれば、官僚主義的な企業に限って人材を育成していない。特に創造性に長けた人材の育成に力を入れていない。人材育成は日本にとって官民を超えた国全体のテーマだと私は考えている。人材をどう育成するかで日本の将来の発展が左右されるといっても過言ではない。

日本が将来に向けて、「大人物」と言える政治家、リーダーを育成してくれることを、私は願っている。安倍晋三もその一人であることを願う。

ただ安倍には菅義偉（1948～）という官房長官、女房役がいる。彼らが二人三脚で取り組めば、安倍に足りない部分を補い、国家のために良い政策を実行することができる。私が1950～60年代に接してきた官僚は現在の官僚よりも有能で、視野も広い。日本が国際的地位を復活させる過程で多くの有意義な仕事をしていた。私がこれまで付き合ってきたなかでは、外務省出身の田中均や岡本行夫がその類に入る官僚である。彼らは視野が広く、分析能力に長けている。今の外交官はあの二人に比べてどうなのだろうか。興味がある。

私の良き友人に、コロンビア大学のジェラルド・カーティス教授がいる。私から見て米国で最も日本の政治に精通した学者である。日本の歴代首相はみな彼のことを知っている。彼は日本のリーダーたちのネットワークに入り込むことができている。米国に、彼のような人間はほかにいない。私は彼としばしば、日本の政治はいかにして次世代のリーダーや人材を育成すべきか、という議論をするが、結論としてはいつも「なかなか難しいな」に落ち着いてしまうのである。

日本の官僚の多くは自信に満ちており、能力も経験もある。政治リーダーになるような人材候補もたくさんいる。ただ若いときに官僚を辞めて政治家に転身しないと、なかなか人材として大成しない傾向にある。また、日本の選挙区が大きくなってしまったことも、年配の政治家が若手を育てる余裕や動機を確保しづらくなってしまった一つの背景であろう。年配の政治家も、以前ほど自分の弟子を育てなくなってしまった。私は、日本の若い政治家にもっと海外に積極的に出ていき、講演をしたりしてみずからの能力を向上させてほしいと願っている。

ここで一つ問題提起したいのだが、中曽根康弘、大平正芳といった指導者は、みずからの「学習小組（いわゆるブレーン）」を持っていた。学者たちの知恵を応用しながら知識を吸収し、政策を立案していったのである。今日の指導者の間に、このような文化は希薄なようである。河野太郎は学者の力を信じ、活用しようとする政治家かもしれない。

私の経験から、日本の政治家は「学習小組」をうまく利用しながら政治を運営するほうが、結果的に国内外における影響力の拡大につながると考える。

Q

比較材料として、先生からご覧になって、中国の政界には「大人物」といえる人物はいますか。たとえば、日本と関わりのある人物として、王毅・国務委員兼外相

（1953〜）は先生にどう映りますか。駐日大使を務めたこともある日本通です。

彼は自信に満ち溢れているようで、国際社会でも積極的に発信しようとするが、やはり官僚であり、大きな政治家ではない。ただ、中国にも地方の書記や省長に、大きな政治家がいるように思う。彼らは自信に満ち溢れ、大胆に発言し、国際社会でも発信ができる。たとえば、ハーバードケネディスクールで研修したこともある李源潮・元国家副主席などは自信に満ちていて有能で、大胆不敵に発言ができる大きな人物であろう。王岐山国家副主席も「大人物」だ。

Q

習近平との権力比較という意味で、何かと槍玉に挙げられる李克強はいかがでしょう。中国には「形勢比人強」という言葉があります。情勢次第で人材のあり方も変わってくる、前者のインパクトは後者のそれよりも大きい、という意味です。中国に関しては、どれだけの「大人物」でも、情勢次第ではまったくその実力を発揮させてもらえない、という状況が、特に習近平政権では顕著のようです。もちろん、その逆もまた然りですが。

李克強について私はよく知らないが、彼が一人の人材としてどれだけの役割を果たせるかどうかは、習近平にかかっているように思う。習近平が彼を信頼し、大いに自由に活躍してもらおうとするのであれば、李克強は大胆不敵な発信力や行動力を発揮するであろう。その逆も、また然りだ。

李克強だけではない。昨今の情勢下で言えば、ほとんどの人材は習近平次第で、その役割の発揮の仕方が変わってくる。鄧小平は、地方の幹部に大いに役割を発揮させた。胡耀邦もそうだった。指揮官次第ということだ。中央、地方にかかわらず、習近平が覚悟を決めて部下たちに精力的に動いてもらおうとすれば、潜在力を持つ人材は少なからずいるはずだ。

私にとってはボストン近郊で学ぶ、ハーバード大学、マサチューセッツ工科大学、タフツ大学などで学ぶ日本人留学生を対象に開催するヴォーゲル塾が人材観察の舞台である。経済政策や安全保障といった複数のテーマで、事前に分けたグループごとにプレゼンテーションをしてもらい、その後私を含め参加者全員で議論をしていく形式を取っている。すべて英語で行われる。

塾を開催しながらも常々感じるが、日本人は団結していて、礼儀を重んじ、みなみずからを律している。同時に交流や議論は率直に行われていて、主張している内容にも信頼がおける。日本人は日頃の交流でも学術的議論でも、信頼性というものを重んじている。日本人は中国人のように、誰がどこで何をしているか、誰が後ろでどんな手を引いているかといったことを政治的に警戒、監視する必要がない。みな自然体で付き合っている感じがして、見ているこちらも気持ちがいい。

ただ、大きなビジョンや政策を、大胆不敵に主張するようなリーダーになり得る人材は、日本に不足している。そのような人材は、中国に多いようだ。中国人には、大きなビジョンや政策を思い切って打ち出せるリーダー格の人材が多いし、その予備軍も多い。課題を言えば、中国人は常に相互に疑い、警戒しあっている。密告されるのを怖がりながら生活している。彼らは、相互に団結せず、常に内輪で闘争を繰り広げている。みなが一つの目標に向かって一緒に働く、という文化がないようである。

この点で、日本人は素晴らしい。そういった日本人の長所はそのままに、若い頃から積極的に海外に出て、自分の意見やビジョンを主張する機会をもっとたくさん持って、どんどん発信していってほしいと願っている。

おわりに

ヴォーゲル先生の語りを、満喫していただけただろうか。

本書の制作が終盤に差し掛かっている今、この間に流れた時間と空間に、思いを馳せている。

２０１７年12月、ハーバードに数日間滞在した際に、先生と久しぶりに再会した。先生はその日のお昼にちょうど出張から帰ってこられたタイミングであったが、「午後にロングトークをしよう」と事前に仰っていただき、あの日は約3時間半じっくり語り合った。ご自宅を出る直前に、先生の言葉を綴った記録を残したい、ロングインタビューをさせていただきたい、とこちらから提案させていただいた。

「加藤さんとなら、喜んでやりますよ」

その場でご快諾いただいた。ただ、一つだけ注文があった。

「インタビューではなく、対談にしましょう」

どこまでも謙虚な方だ。先生はいつもご自身のことを「老人」だと形容する。私も、これからひたむきに己を磨いて、いつの日か、先生のような「老人」になりたい。

約束を交わしてからというもの、約半年かけて準備をし、先生の過去のお仕事に今一度当たり、２０１８年8月末、先生のご自宅に泊まらせていただきながら、４日間にわたってお話を伺った。その後、２０１９年5月にもう一度ボストンへ赴き、追加取材を行った。先生から「加藤さんは、私の考え方をよく理解している」と言っていただくたびに、心の底から嬉しくなる。それは単に先生の考え方を的確に理解できたとか、尊敬する先生にほめてもらったという次元を超えて、生きていくための活力になる泉水のようなものだ。

先生が生涯をかけて取り組んでこられた仕事を言葉として綴ることで、私たち日本人が激動の時代を生きていくための何かを思考し、行動につなげるきっかけにすること。これが、本書を作成した唯一にして最大の目的である。

この場を借りて、査読を担当してくださった朝日新聞の峯村健司さんに、感謝の気持ちを伝えたい。２００５年、中国人民大学西門対面の大衆食堂で出会って以来、中国問題をめぐって峯村さんと行った議論は数知れない。奇しくもハーバードでの滞在時期も重なった。ヴォーゲル先生のことも私のこともよく知る峯村さんに、この本の原稿をチェックしていただけたことを、先生も私もとても嬉しく思っている。今後とも、同志であり、目標である峯村さんの背中を全力疾走で追いかけていきたい。

本書の企画・編集を担当してくださったダイヤモンド社の柴田むつみさんにも感謝の意

を表したい。本書を作るうえで柴田さんと行ってきた意思疎通は、私にとって常に緊張感を伴うものだった。それは、柴田さんが一つの企画、一冊の書籍に向き合ううえでとても真剣で、妥協を許さず、そしてプロフェッショナルだからである。ボストンでの追加取材もご一緒し、楽しく、実りのある時間を過ごさせていただいた。

私自身はこの本を作るプロセスを大いに楽しんだ。大いに学ばせていただいた。それで十分である。わがままなお願いを聞いていただき、長いインタビュー、そしてその後の細かい作業に辛抱強く協力してくださったヴォーゲル先生に心から感謝の気持ちを伝えたい。先生が納得できるインタビューや内容になったかどうかはわからないが、本書の制作を通じて、私自身も今一度気合を入れ直し、少しでも先生に近づけるように精進していきたい。

２０１９年６月28日　香港大学の研究室にて

加藤嘉一

［著者］

エズラ・F・ヴォーゲル（Ezra F. Vogel）

ハーバード大学ヘンリー・フォードⅡ世社会科学名誉教授。1958年にハーバード大学で博士号（社会学）を取得後、日本語と日本の家族関係の研究のために来日し、2年間滞在。それからは毎年のように日本を訪問している。61年秋から中国研究および中国語の習得にも着手。広東省の社会変容の研究で顕著な功績を残す。67年にハーバード大学教授、72年に同大東アジア研究所所長に就任。2000年に教職から引退。79年に『ジャパン・アズ・ナンバーワン――アメリカへの教訓』（阪急コミュニケーションズ）を発表し、日本でベストセラーに。前著『現代中国の父　鄧小平』（日本経済新聞出版社）は外交関係書に贈られるライオネル・ゲルバー賞、全米出版社協会PROSE賞特別賞を受賞したほか、エコノミスト誌、フィナンシャル・タイムズ紙、ウォール・ストリート・ジャーナル紙、ワシントン・ポスト紙などの年間ベストブックに選ばれた。中国大陸版は、100万部を超えるベストセラーに。

［聞き手］

加藤嘉一（かとう・よしかず）

香港大学アジアグローバル研究所兼任准教授。
山梨学院大学附属高等学校卒業後、2003年北京大学へ留学。同大学国際関係学院大学院修士課程修了。上海復旦大学新聞学院講座学者、慶應義塾大学SFC研究所上席所員（訪問）、ハーバード大学ケネディースクール（公共政策大学院）、同大アジアセンター、ジョンズホプキンス大学高等国際問題研究大学院客員研究員などを経て、2018年9月より現職。米ニューヨークタイムズ中国語版コラムニスト。日本語の単著に『われ日本海の橋とならん』『中国民主化研究』（以上ダイヤモンド社）、『たった独りの外交録』（晶文社）、『脱・中国論』（日経BP社）、『習近平はトランプをどう迎え撃つか』（潮新書）などがある。中国語著書多数。

＊本文中の図表は、加藤氏と編集部にて作成した。

リバランス
——米中衝突に日本はどう対するか

2019年8月21日　第1刷発行

著　者——エズラ・F・ヴォーゲル
聞き手——加藤嘉一
発行所——ダイヤモンド社
〒150-8409　東京都渋谷区神宮前6-12-17
http://www.diamond.co.jp/
電話／03·5778·7234（編集）　03·5778·7240（販売）
協力————峯村健司
装丁————竹内雄二
本文デザイン—布施育哉
本文図表——うちきばがんた（G体）
校閲————聚珍社
製作進行——ダイヤモンド・グラフィック社
印刷・製本—勇進印刷
編集担当——柴田むつみ

ISBN 978-4-478-10862-8